चङ्गाइकर्ता परमेश्वर

डा. जेरक ली

URIM BOOKS

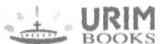

तर मेरो नाउँको आदर गर्ने तिमीहरूमाथि चाहिँ धार्मिकताको सूर्य आफ्ना पखेटामा आरोग्यता लिएर उदाउनेछ। अनि गोठलाई छोडेर निस्केका बाछाजस्तै तिमीहरूचाहिँ बाहिर निस्कनेछौ (मलाकी ४:२) ।

चङ्गाइकर्ता परमेश्वर डा. जेरक लीद्वारा
ऊरीम ब ुक्सद्वारा पकाशित (पतिनिधिः सियोडकिअन बिन)
२३५-३, ग ुरो-डोङ्ग ३, ग ुरो-ग ु, सियोल, कोरिया

www.urimbooks.com

सर्वाधिकार सुरक्षित । यस प्रकाशन र यसको कुनै पनि भाग, पुनः प्राप्य हुने गरी राख्न वा कुनै पनि विद्युतीय, यान्त्रिक, छायाप्रति, रेकर्ड वा अन्य कुनै प्रतिरूपमा अरू कुनै माध्यमद्वारा प्रकाशकको पूर्व लिखित अनुमति विना प्रतिलिपि तयार गर्न र प्रेषण गर्न पाइनेछैन ।

प्रकाशनाधिकार © २००९ डा. जेरक लीद्वारा

आइ.एस्.बि.एनः 979-11-263-1025-8 03230

अनुवादको निमित्त प्रकाशनाधिकार © २००५ डा. एस्तर के. चङ्ग । अनुमतिद्वारा प्रयोग गरिएको ।

१९९२ मा ऊरीम ब ुक्सद्वारा कोरियन भाषामा पकाशित

पहिलो संस्करण : मार्च २००५
दोस्रो संस्करण फेब्रुअरी २००७
तेस्रो संस्करण अगस्ट २००९

डा. ग्यूमसुन बिनद्वारा सम्पादित
डिजाइनः सम्पादकीय विभाग, ऊरीम बुक्स
मुद्रणः येवोन प्रिन्टिङ कम्पनी
अधिक जानकारीको लागि : urimbook@hotmail.com मा सम्पर्क गर्नुहोस्

प्रकाशन बारेको सन्देश

भौतिक सभ्यता र समृद्धिको निरन्तर विकास र वृद्धि हुँदै जाँदा, आज हामी मानिसहरूसँग अतिरिक्त समय र स्रोतसाधनहरू भएको पाउँदछौं । थपअझ, स्वस्थ र आरामदायी जीवन जिउनको निम्ति मानिसहरू समय र धनसम्पत्ति खर्चने गर्दछन् र विविध प्रकारका उपयोगी जानकारीहरूतर्फ ध्यान दिने गर्दछन् ।

यद्यपि, मानिसको जीवन, आयु, रोगबिमार र मृत्यु सबै परमेश्वरको नियन्त्रणमा हुँदछ र ती कुराहरूलाई पैसा वा ज्ञानद्वारा नियन्त्रण गर्न सकिँदैन । यसको अतिरिक्त, यो एक अविवादित सत्य हो कि, मानिसहरूले शताब्दीयौंदेखि ज्ञानबुद्धि प्रयोग गरेर एक उच्चस्तरको एकदमै परिष्कृत चिकित्सा विज्ञानको विकास गरेको भएतापनि, निको नहुने र प्राणघातक रोगबाट ग्रस्तहरूको संख्या झन् झन् वृद्धि हुँदै गइरहेको छ ।

विश्वको इतिहासमा हामी विविध विचारधारा र ज्ञान भएका अनगिन्ती व्यक्तित्वहरू पाउँदछौं–जस्तो कि बुद्ध र कन्फ्युसियस–तिनीहरू पनि यस प्रश्नको सामना गर्नुपर्दा निशब्द भएका थिए र तिनीहरू मध्ये कसैले पनि वृद्धावस्था, रोग र मृत्युलाई जित्न सकेनन् । यो प्रश्नचाहिँ पाप र मानवजातिको मुक्तिसित जोडिएको छ र यसको समाधान मानवीय क्षमता देखि बाहिर छ ।

औषधि उपचारलाई सर्वसुलभ बनाई स्वस्थ र रोगमुक्त समाज निर्माण गर्ने अभिप्रायका साथ आज हाम्रो वरिपरि थुप्रै अस्पताल तथा औषधि पसलहरू

स्थापना भएका छन् । तरैपनि, हामी साथसाथै सम्पूर्ण विश्व नै साधारण रुघाखोकीदेखि लिएर, अज्ञात रोगहरू र प्राणघातक रोगहरूबाटको जोखिमको चपेटामा रहेको छ । मानिसहरू मौसम र वातावरणलाई दोष दिने वा त्यसलाई प्राकृतिक र शरीरविज्ञानको चक्रको रूपमा लिई औषधि र चिकित्सा प्रविधिमा भर पर्ने गर्दछन् ।

पूर्ण रूपमा चङ्गाइ प्राप्त गरी स्वस्थ जीवन जिउनको लागि, सर्वप्रथम हामीले रोगबिमार आइपर्ने कारण र त्यसबाट चङ्गाइ प्राप्त गर्ने उपाय पत्ता लगाउनु पर्दछ । सुसमाचार र सत्यताका दुई पक्षहरू छन् : पहिलो ती ग्रहण नगर्नेहरूका निम्ति सराप र दण्ड अनि दोस्रो ती ग्रहण गर्नेहरूका निम्ति आशिष् र अनन्त जीवन । फरिसी र व्यवस्थाका शिक्षकहरू जस्तो आफैलाई ज्ञानी तथा बुद्धिमानी ठान्नेहरूदेखि सत्यतालाई गुप्त राख्नु र आफैलाई नम्र तुल्याई सानो बालक जस्तो बन्ने, सत्यताको चाहना गर्ने र हृदय खोल्नेहरूमाभ्रु सत्यता प्रकट गर्नु, परमेश्वरको इच्छा हो (लूका १०:२१) ।

परमेश्वरका आज्ञाहरू पालना गरी सो अनुसार जिउनेहरूका निम्ति परमेश्वरले आशिष्को प्रतिज्ञा गर्नुभएको छ भने, उहाँका आज्ञाहरू अवहेलना गर्नेहरूमाथि आइपर्ने सबै प्रकारका सराप र रोगबिमारहरूका बारेमा समेत उहाँले विस्तारमा उल्लेख गर्नुभएको छ (व्यवस्था २८:१-६८) ।

अविश्वासीहरू तथा परमेश्वरको वचनलाई बेवास्ता गर्ने विश्वासीहरूलाई परमेश्वरका वचनहरू स्मरण गराउँदै यस कृतिले त्यस्ता व्यक्तिहरूलाई रोगबिमारहरूदेखि छुटकारा पाउने सही मार्गमा डोऱ्याउन प्रयास गर्नेछ ।

परमेश्वरको वचन सुन्दै, पढ्दै, बुझ्दै त्यसलाई आफ्नो भोजन बनाउनुभएर, तपाईंहरूले मुक्ति र चङ्गाइको परमेश्वरबाट शक्ति प्राप्त गर्नु भएको होस्, रोगबिमारहरूबाट चङ्गाइ पाउनुभएको होस् र तपाईंका परिवार का सदस्यहरू स्वस्थ रहन सक्नुभएको होस् भनी म हाम्रो प्रभुको नाउँमा प्रार्थना गर्दछु !

Jaerock Lee

विषय बस्तुहरू

चङ्गाइकर्ता परमेश्वर

प्रकाशन बारेको सन्देश

अध्याय १
रोगबिमारको कारण र चङ्गाइको ज्योति

अध्याय २
के तपाईं निको हुन चाहनुहुन्छ ?

अध्याय ३
चङ्गाइकर्ता परमेश्वर

अध्याय ४
उहाँका कोर्राका चोटहरूद्वारा हामी निको भएका छा

अध्याय ५
शारीरिक अशक्तता/दुर्बलताहरू निको पार्ने शक्ति

अध्याय ६
भूतात्मा लागेकाहरूलाई निको पार्ने उपाय

अध्याय ७
कुष्ठरोगी नामानको विश्वास र आज्ञाकारिता

अध्याय १

रोगबिमारको कारण र चङ्गाइको ज्योति

तर मेरो नाउँको आदर गर्ने तिमीहरूमाथि चाहिँ धार्मिकताको सूर्य आफ्ना पखेटामा आरोग्यता लिएर उदाउनेछ। अनि गोठलाई छोडेर निस्केका बाछाजस्तै तिमीहरूचाहिँ बाहिर निस्कनेछौ

(मलाकी ४:२) ।

रोगबिमार लाग्न ुको आधारभ ूत कारण

स ुखद र स्वस्थ जीवन जिउने इच्छामा मानिसहरू तिनीहरूलाई थाहा भएसम्म स्वास्थ्यको निम्ति लाभदायक सबै प्रकारका भोजनहरू सेवन गर्ने, विभिन्न विधिहरूको खोजी गर्ने र त्यसप्रति ध्यान दिने गर्दछन् । यद्यपि भौतिक सभ्यता र चिकित्सा विज्ञानले उन्नति हासिल गरेको भएतापनि निको नह ुने र प्राणघातक रोगहरूलाई निवारण गर्न भने सकिँदैन ।

के मानिस प ृथ्वीको जीवनअवधिमा रोगबिमारको पीडाबाट म ुक्त ह ुन सक्दैन ?

अधिकाशं मानिसहरू मौसम र वातावरणलाई दोष दिने वा त्यसलाई प्राक ृतिक र शरीरविज्ञानको चक्रको रूपमा लिई औषधि र चिकित्सा प्रविधिमा भर पर्ने गर्दछन् । एक पटक रोगबिमारका कारणहरू पत्ता लागिसकेपछि मानिसहरू त्यसबाट म ुक्त ह ुन सक्छन् ।

बाइबलले हामीलाई रोगबिमारबाट म ुक्त जीवन जिउने आधारभ ूत मार्गहरू र रोगहरू लागी हालेतापनि चङ्गाइ प्राप्त गर्ने उपायहरूका बारेमा बताउँदछ :

> र उहाँले (परमप्रभ ुले) भन्न ुभयो, "तिमीहरूले परमप्रभ ु आफ्ना परमेश्वरका क ुरा ध्यानसित स ुन्यौ, उहाँको द ृष्टिमा जे ठीक छ सो गऱ्यौ, र उहाँका आज्ञाहरूमा ध्यान लगायौ, र उहाँका सबै विधिहरू मान्यौ भने, ज ुन रोगहरू मैले मिश्रीहरूमाथि ल्याएको थिएँ, तीमध्ये एउटै पनि तिमीहरूमाथि ल्याउनेछैनँ, किनकि तिमीहरूलाई निको पार्ने म परमप्रभ ु ह ुँ" (प्रस्थान १५:२६) ।

योचाहिँ मानिसको जीवन, म ृत्य ु, सराप र आशिष्लाई नियन्त्रण गर्न ुह ुने परमेश्वर स्वयम्ले हामीलाई दिन ुभएको विश्वासयोग्य वचन हो ।

त्यसोभए, रोगबिमार के हो र यो किन मानिसहरूमाथि आइपर्दछ त ? आयुर्विज्ञानमा "रोगहरू" ले शरीरमा भएका सबै प्रकारका अशक्तताहरू– असामान्य वा अस्वाभाविक स्वास्थ्य अवस्थालाई जनाँउदछ – र यो प्रायः हानिकारक जीवाणुहरूको कारण विकसित हुने र फैलने गर्दछ । अर्को शब्दमा भन्नु पर्दा, रोग एक असामान्य शारीरिक अवस्था हो जुनचाहिँ रोग निम्त्याउने विष वा हानिकारक जीवाणुहरूको कारण फैलने गर्दछ ।

प्रस्थान ९:८-९ मा एउटा प्रक्रिया वर्णन गरिएको छ जसद्वारा मिश्रमा खटिराको महामारी आएको थियो :

> फेरि परमप्रभुले मोशा र हारूनलाई भन्नुभयो, "भट्टीबाट आफ्ना-आफ्ना मुट्ठीभरि खरानी लेओ, र मोशाले फारोका आँखाकै सामु यो आकाशतिर छरिदिओस् । त्यो सारा मिश्रमा मसिनो धूलो भएर मिश्रका सबै मानिस र पशुका शरीरमा खटिरा बन्नेछन् ।"

प्रस्थान ११:४-७ मा, हामी परमेश्वरले इस्राएलीहरू र मिश्रीहरूमा भेद राख्नु भएको तथ्य पाउँदछौं । परमेश्वरको आराधना गर्ने इस्राएलीहरूले विपत्तिहरूबाट सुरक्षा पाए तर परमेश्वरको आराधना पनि नगर्ने र उहाँको इच्छानुसार पनि नजिउने मिश्रीहरूले भने पहिलो जन्मेकाहरूको मृत्युको विपत्तिको सामना गर्नुपर्‍यो ।

रोगबिमार परमेश्वरको नियन्त्रणमा छ, र उहाँको भय मान्नेहरूलाई उहाँ सुरक्षित राख्नुहुन्छ, तर पापीहरूदेखि उहाँले उहाँको मुहार तर्काउनुहुने भएकोले गर्दा तिनीहरूमाथि रोगबिमार आइपर्दछ भन्ने कुरा हामी बाइबलबाट बुझ्न सक्छौं ।

त्यसोभए, किन रोगबिमारहरू आइपरेको होलान् त ? के मानिसहरू रोगबिमारको जोखिममा जिउन् भनेर नै सृष्टिकर्ता परमेश्वरले सृष्टिको

समयमा नै रोगबिमारलाई अस्तित्वमा आउन दिनुभएको हो त ? सृष्टिकर्ता परमेश्वरले मानिसलाई सृष्टि गर्नुभयो र उहाँ प्रेम, भलाइ र धार्मिकताद्वारा ब्रह्माण्डका सबै थोकहरूलाई नियन्त्रण गर्नुहुन्छ ।

उत्पत्ति १:२६-२८ मा यसो लेखिएको छ :

> फेरि परमेश्वरले भन्नुभयो, "मानिसलाई आफ्नै स्वरूपमा, हाम्रै प्रतिरूपमा बनाऔं । तिनीहरूले समुद्रका माछाहरू, आकाशका पक्षीहरू, पालिने पशुहरू र जमीनमा चलहल गर्ने सबै जन्तुहरूमाथि अधिकार गरून् ।" यसैकारण परमेश्वरले मानिसलाई आफ्नै स्वरूपमा सृष्टि गर्नुभयो । परमेश्वरकै प्रतिरूपमा उहाँले तिनलाई सृष्टि गर्नुभयो । नर र नारी नै गरी उहाँले तिनीहरूलाई सृष्टि गर्नुभयो । परमेश्वरले तिनीहरूलाई आशिष् दिनुभयो, र तिनीहरूलाई भन्नुभयो, "फल्दै-फुल्दै, वृद्धि हुँदै, पृथ्वीमा भरिँदै र त्यसलाई आफ्नो वशमा पार्दै जाओ । समुद्रका माछाहरू, आकाशका पक्षीहरू तथा पृथ्वीका सबै जीवित प्राणीहरूमाथि अधिकार गर ।"

मानव जीवनको निम्ति उपयुक्त वातावरण सृष्टि गरिसक्नुभएपछि (उत्पत्ति १:३-२५), परमेश्वरले मानिसलाई उहाँको स्वरूपमा सृजनुभयो, आशिष् दिनुभयो र पूर्ण स्वतन्त्रता तथा अख्तियार प्रदान गर्नुभयो ।

परमेश्वरको आज्ञा पालन गरिरहँदा सृष्टि गरिएको त्यस मानिसले परमेश्वर बाटका आशिष्हरूको आनन्द लिन र आँसु, दुःख, पीडा र रोगबिमारबाट मुक्त अदनको बगैँचामा बसोबास गर्न सक्यो । सृष्टि गरिएका थोकहरूलाई परमेश्वरले हेर्नुभयो त्यो असल थियो (उत्पत्ति १:३१) र उहाँले एउटा आज्ञा दिनुभयो : "बगैँचाका सबै रूखका फल तैंले सङ्कोच नमानी खाए हुन्छ, तर असल र खराबको ज्ञान दिने रूखको फलचाहिँ नखानू, किनभने जुन दिन

तैंले त्यो खान्छस्, तँ निश्चय नै मर्नेछस्" (उत्पत्ति २:१६-१७) ।

तर जब धूर्त सर्पले मानिसहरूले परमेश्वरको वचनलाई बेवास्ता गरेको देख्यो, तब त्यसले पहिलो मानिस आदमकी स्त्री हव्वालाई प्रलोभनमा पाऱ्यो । आदम र हव्वाले असल र खराबको ज्ञान दिने रूखको फल खानुभएर पाप गर्नुभएपछि (उत्पत्ति ३:१-६), परमेश्वरले चेतावनी दिनुभए अनुसार नै मृत्यु मानिसभित्र प्रवेश गऱ्यो (रोमी ६:२३) ।

मानिसले अनाज्ञाकारिताको पाप गरेपछि र पापको ज्यालाको रूपमा मृत्यु प्राप्त गरेपछि, मानिसको मालिकको रूपमा रहेको आत्मा मृत भयो र परमेश्वर र मानिसबीचको पवित्र सम्बन्ध टुट्यो । उहाँहरू अदनको बगैँचाबाट धपाइनुभयो र उहाँहरूले आँसु, दुःख, पीडा, रोगबिमार र मृत्युमाझ जिउनु पर्ने भयो । भूमिका सबै थोकहरूमाथि पनि सराप परेकोले गर्दा, त्यसले काँडा र सिउँडीहरू उमार्न थाल्यो र मानिसले निधारको पसीनाले कमाएको भोजन खानु पर्ने भयो (उत्पत्ति ३:१६-२४) ।

यसरी, आदमको अनाज्ञाकारिताको कारण आएको मौलिक पाप नै रोगबिमारको कारण बन्यो । आदमले परमेश्वरको आज्ञा उल्लङ्घन नगर्नु भएको भए, उहाँ अदनको बगैँचाबाट धपाइनु हुने थिएन र उहाँ सदैव स्वस्थ जीवन जिउन सक्नु हुने थियो । अर्को शब्दमा भन्नु पर्दा, एउटा मानिसको कारण सबै मानिसहरूमा पाप सऱ्यो र तिनीहरूमाथि रोगबिमारको जोखिम आइपऱ्यो । पापको समस्यलाई समाधान नगरेसम्म व्यवस्थाको कर्मद्वारा मात्र कोही पनि परमेश्वरको दृष्टिमा धर्मी ठहरिन सक्दैन (रोमी ३:२०) ।

धार्मिकताको सूर्य आफ्ना पखेटामा आरोग्यता लिएर उदाउनेछ

मलाकी ४:२ ले भन्दछ, "तर मेरो नाउँको आदर गर्ने तिमीहरूमाथि चाहिँ धार्मिकताको सूर्य आफ्ना पखेटामा आरोग्यता लिएर उदाउनेछ । अनि गोठलाई

छोडेर निस्केका बाछाजस्तै तिमीहरूचाहिँ बाहिर निस्कनेछौ ।" यहाँ "धार्मिकताको सूय" ले मसीहलाई जनाउँदछ ।

मानवजाति रोगबिमारबाट कष्ठित भइरहेको र विनाशको मार्गमा गइरहेको देख्दा, परमेश्वर दुःखित बन्नुभयो र उहाँले पहिल्यैबाट योजना बनाउनुभए अनुसार नै येशू ख्रीष्टलाई क्रूसमा मर्न र रगत बगाउन दिनुभई, हामीलाई हाम्रा सबै पापहरूबाट छुटकारा दिनुभयो । त्यसकारण, येशू ख्रीष्टलाई ग्रहण गर्नुहुने हरेकका, पापहरू क्षमा हुनेछन् र उहाँहरूले मुक्ति पाउनुहुनेछ जसले गर्दा उहाँहरू रोगबिमारबाट छुटकारा पाउनुभई स्वस्थ जीवन जिउन सक्नुहुनेछ । सबै थोकहरूमाथि सराप आइपरेकोले गर्दा, मानिसहरू आफ्नो जीवनकालभरि रोगबिमारको जोखिममा जिउनुपर्ने थियो, तर परमेश्वरको प्रेम र अनुग्रहको कारण रोगबिमारबाट मुक्त हुने मार्ग खुल्यो ।

परमेश्वरका छोराछोरीहरूले रगत बगाउने बिन्दुसम्म पापको विरुद्धमा संघर्ष गर्नुहुँदा (हिब्रू १२:४) र उहाँको वचनअनुसार जिउनुहुँदा, परमेश्वरले उहाँहरूलाई उहाँको ज्वालामय दृष्टिद्वारा सुरक्षा दिनुहुन्छ र पवित्र आत्माको आगोको पर्खालद्वारा उहाँहरूलाई घेर्नुहुन्छ, जसले गर्दा हावामा भएका विषालु तत्वहरू समेत उहाँहरूको शरीरमा प्रवेश गर्न सक्दैनन् । कोही बिरामी परिहाल्नु भएतापनि, यदि उहाँहरू पश्चात्ताप गर्नुहुन्छ र त्यसबाट फर्किआउनुहुन्छ भने, परमेश्वरले रोगलाई जलाइदिनुहुनेछ र प्रभावित भागहरूलाई निको पारिदिनुहुनेछ । योचाहिँ "धार्मिकताको सूर्य" बाटको चङ्गाइ हो ।

आधुनिक चिकित्सा विज्ञानले अल्ट्रावायलेट थेरेपी (शरीरभित्र पराबैगनी विकिरण पठाएर रोगको उपचार गर्ने प्रविधि) विकसित गरेको छ, जुनचाँहि विभिन्न प्रकारका रोगबिमारहरू निर्मूल पार्न र उपचार गर्न प्रयोग गर्ने गरिन्छ । पराबैगनी विकिरणहरूचाहिँ संक्रमण रोक्नको लागि अत्यन्तै प्रभावकारी हुन्छन् र यसले शरीरभित्र रासायनिक परिवर्तनहरू ल्याउँदछ । यो थेरेपी कोलो

न बेसिलि (मलाशयमा संक्रमण ल्याउने किटाणुहरू), डिफ्थेरिया (घाँटीमा भएको संक्रमण) र डिसेन्ट्री बेसिलि जस्ता रोगहरूमा ९९% सिद्धकारक हुनुका साथै क्षयरोग, रिकेट्स, एनीमिया (रक्ताल्पता), जोर्नीहरूको बाथ र छालाका रोगहरूमा समेत प्रभावकारी हुँदछ। अल्ट्रावायलेट थेरेपी उपयोगी र प्रभावशाली भएतापनि यसलाई सबै प्रकारका रोगहरूमा प्रयोग गर्न भने सकिँदैन।

धर्मशास्त्र पदमा लेखिए जस्तै "आफ्नो पखेटामा आरोग्यता लिएर उदाउने धार्मिकताको सूर्य" को किरणले मात्र सबै रोगबिमारहरूलाई निको पार्न सक्छ। धार्मिकताको सूर्यबाटको किरणले मात्र सबै प्रकारका रोगहरू निको पार्न सक्छ र यो सबै मानिसहरूमा लागू गर्न सकिन्छ। परमेश्वरबाटको चङ्गाइ वास्तवमै सरल, सिद्ध र सर्वश्रेष्ठ छ।

मैले चर्च स्थापना गरेको केही समयपछि, एकदिन मृत्युको संघारमा रहेको र पक्षाघात तथा क्यान्सरको पीडाबाट एकदमै कष्ठित एक व्यक्तिलाई स्ट्रेचरमा राखी मेरो अघि ल्याइयो। उहाँको जिब्रो कडा भइसकेकोले गर्दा उहाँ बोल्न सक्नुहुन्नथ्यो र शरीरमा पक्षाघात भएकोले गर्दा चलहल गर्न पनि सक्नुहुन्नथ्यो। चिकित्सकहरूले बाँच्दैन भनेकोले गर्दा, उहाँकी श्रीमती जो परमेश्वरको शक्तिमा विश्वास गर्नुहुन्थ्यो, उहाँले आफ्नो श्रीमान्लाई परमेश्वरमा पूर्ण भरोसा गरी उहाँमा सबै थोक सुम्पन भन्नुभयो। बाँच्ने एउटै उपाय भनेको परमेश्वरमा भरुण्डी उहाँमा बिन्ती गर्नु हो भन्ने कुरा महसुस गर्नु भएपछि, सुतेर भएपनि आराधना सेवामा भाग लिन थाल्नुभयो र उहाँकी श्रीमतीले पनि विश्वास र प्रेमका साथ उहाँको निम्ति प्रार्थना गर्न थाल्नुभयो। उहाँहरू दुवैजनाको विश्वास देखेर, मैले पनि उहाँको निम्ति हार्दिकतापूर्वक प्रार्थना गरिदिएँ। त्यस लगत्तै, विगतमा श्रीमतीले येशूमा विश्वास गरेको कारण श्रीमतीलाई सतावट दिएको कुराको निम्ति उहाँले हृदय तोडेर पश्चात्ताप गर्न थाल्नुभयो र परमेश्वरले आरोग्यताको ज्योति पठाउनुभई पवित्र आत्माको आगोद्वारा उहाँको शरीरलाई छोइदिनुभई शरीरलाई सफा गरिदिनुभयो। रोग

लाग्नुको आधारभूत कारण समाधान भएपछि, उहाँ हिँड्न र दौड्न थाल्नुभयो र निको हुनुभयो, हाल्लेलूयाह ! परमेश्वरको यस प्रकारको चङ्गाइका कार्यहरू अनुभव गर्नुभएपछि मानमिनका सदस्यहरूले परमेश्वरलाई कसरी महिमा दिनुहुन्छ र उहाँहरू कति आनन्दित बन्नुहुन्छ भन्ने कुरा भनिरहनु पर्छ जस्तो लाग्दैन ।

मेरो नाउँको आदर गर्नेहरू

हाम्रो परमेश्वरचाहिँ सर्वशक्तिमान् परमेश्वर हुनुहुन्छ जसले ब्रह्माण्डका सबै थोकहरूलाई उहाँका वचनद्वारा सृष्टि गर्नुभयो र भूमिको माटोबाट मानिसलाई बनाउनुभयो । यस्तो परमेश्वर हाम्रो पिता हुनुभएकोले गर्दा, हामी बिरामी भइहालेतापनि, यदि हामी विश्वासका साथ पूर्णतया उहाँमा भर पर्दछौं भने उहाँले हाम्रो विश्वासलाई हेर्नुभई त्यसलाई मान्यता दिनुहुनेछ र खुशीसाथ हामीलाई निको पार्नुहुनेछ । अस्पताल गएर उपचार गराउनु गलत नभएतापनि, परमेश्वर आफ्ना छोराछोरीहरूले उहाँको सर्वमानता र सर्वोच्चतालाई विश्वास गरेको, हार्दिकतापूर्वक उहाँमा पुकारका गरेको, चङ्गाइ पाएको र उहाँलाई महिमा दिएको देख्दा आनन्दित बन्नुहुन्छ।

२ राजा २०:१-११ मा यहूदाको राजा हिजकियाको घटना छ, जो अश्शूरका राजाले यहूदाका शहरहरूमा आक्रमण गर्दा बिरामी पर्नुभएको थियो, तर परमेश्वरमा प्रार्थना गर्नुभए पश्चात् तीन दिनपछि उहाँ पूर्णरूपमा निको हुनुभयो र उहाँको आयुमा पन्ध्र वर्ष थपियो।

यशैया अगमवक्ता मार्फत् परमेश्वरले हिजकियालाई “तेरो घरलाई ठीकठाक पार्, किनभने तँ मर्नेछस् । तँ निको हुनेछैनस्” भनी भन्नुभएको थियो (२ राजा २०:१; यशैया ३८:१) । अर्को शब्दमा भन्नुपर्दा, हिजकियालाई मृत्युको सन्देश दिई मृत्युको तयारी गर्न र राज्य र परिवारका सबै बन्दोबस्तीहरू

मिलाउन भनिएको थियो । यद्यपि, हिजकिया तुरुन्तै भित्तातिर फर्कनुभई उहाँले परमपभुमा पार्थना गर्नुभयो (२ राजा २०:२) । त्यो रोग परमेश्वरसितको उहाँको सम्बन्धको कारणले गर्दा आएको हो भन्ने कुरा राजाले महसुस गर्नुभयो र सबै कुरा छोडेर पार्थना गर्नुभयो ।

हिजकियाले हार्दिकतापूर्वक आँसुकासाथ परमेश्वरमा पार्थना गर्नुभएपछि, परमेश्वरले राजालाई यस्तो पतिज्ञा गर्नुभयो, "मैले तेरो पार्थना सुनें र मैले तेरो आँसु देखें । म तेरो आयु अरू पन्ध्र वर्ष बढाइदिनेछु । म तँलाई र यस शहरलाई अश्शूरका राजाको हातबाट छुटकारा दिनेछु । म यस शहरको रक्षा गर्नेछु" (यशैया ३८:५-६) । परमेश्वरले "मैले तेरो पार्थना सुनें र मैले तेरो आँसु देखें" भन्नुभएको कुरालाई हेर्दा पनि हामी हिजकियाले कति इमानदारी र हार्दिकता पूर्वक पार्थना गर्नुभएको थियो भन्ने कुरा महसुस गर्न सक्छौं ।

परमेश्वरले हिजकियाको पार्थनाको उत्तर दिनुभयो र उहाँ तेस्रो दिनमा परमेश्वरको मन्दिरमा जान सक्नुभएको होस् भनेर राजालाई पूर्ण रूपमा निको पार्नुभयो । थपअरू, परमेश्वरले हिजकियाको आयु पन्ध्र वर्षले बढाइदिनुभयो र हिजकियाको शासनकालको बाँकी रहेको समयभरि परमेश्वरले यरूशलेमलाई अश्शूरको राजाको हातबाट सुरक्षित राख्नुभयो ।

जीवन र मृत्यु परमेश्वरको अधीनमा छ भन्ने कुरा हिजकियालाई राम्ररी थाहा भएकोले गर्दा, परमेश्वरमा पाथर्ना गर्नु उहाँको निम्ति अत्यन्तै महत्वपूर्ण थियो । हिजकियाको नम्र हृदय र विश्वासदेखि परमेश्वर खुशी हुनुभयो र उहाँले राजालाई निको पार्ने पतिज्ञा दिनुभयो, हिजकियाले निको हुने चिन्ह माग्नुहँुदा उहाँले आहाजको सिँढीमा घामको छायालाई दश कदम पछि सारि दिनुभयो (२ राजा २०:११) । हाम्रो परमेश्वर चङ्गाइको परमेश्वरका साथै, खोजी गर्नेलाई दिनुहुने एक विचारशील पिता पनि हुनुहुन्छ ।

अर्कोतिर २ इतिहास १६:१२-१३ मा हामी पाउँदछौं कि, "आफ्नो शासनकालको उनन्चालीसौँ वर्षमा तिनलाई खुट्टा कुहुने रोगले आक्रमण गऱ्यो । त्यो रोग

साह्रो भए तापनि तिनले परमप्रभ ुको सहायता खोजेनन ्, तर वैद्यहरूको मात्र सल्लाह लिए । तब आफ्नो राजकालको एकचालीसौँ वर्षमा तिनी आफ्ना पित्रहरूसित स ुते ।" यह ूदाको राजा ह ुन ुभएपछि श ुरुमा "आसाले आफ्ना प ुर्खा दाऊदले गरेभन्दै जे क ुरा परमप्रभ ुको द ृष्टिमा असल थियो त्यही गरे" (१ राजा १५:११) । उहाँ एक ब ुद्धिमान ् शासक ह ुन ुह ुन्थ्यो, तर परमेश्वर माथिको उहाँको विश्वास बिस्तारै कम हँ ुदै जान थलेपछि उहाँ मानिसहरूमा भर पर्न थाल्न ुभयो जसले गर्दा उहाँले परमेश्वरबाट सहायता पाउन सक्न ुभएन।

इस्राएलका राजा बाशाले यह ूदामाथि आक्रमण गर्दा राजा आसा परमेश्वर माथि नभई अरामका राजा बेन हदद माथि भर पर्न ु भएको थियो । यस कार्यको निम्ति राजा आसाले दर्शी हनानीबाट हप्की समेत पाउन ुभएको थियो, तर पश्चात्ताप गर्न ुको साटो उहाँले दर्शीलाई थ ुनामा राख्न ुभयो र आफ्ना केही मानिसहरूमाथि साह्रै अत्याचार गर्न ुभयो (२ इतिहास १६:७-१०) ।

उहाँ अरामका राजामाथि भर पर्न ु प ूर्व, अरामले यह ूदामाथि आक्रमण गर्न नसकोस ् भनी परमेश्वरले अरामका सेनाहरूमाथि हस्तक्षेप गर्न ुभएको थियो । र ाजा आसा परमेश्वरको साटो अरामका राजामाथि भर पर्न ुभएपछि उहाँले परमे श्वरबाट सहायता पाउन सक्न ुभएन । थप अभ्र, परमेश्वरको साटो वैद्यहरूमा भर पर्ने आसासित परमेश्वर ख ुशी ह ुन सक्न ुभएन । त्यसकारण ख ुट्टा क ुह ुने रोग लागेको द ुईवर्षमा नै उहाँको म ृत्य ु भयो । राजा आसाले परमेश्वरप्रतिको उहाँको विश्वासको स्वीकारोक्ति दिन ुभएतापनि त्यस अन ुसारका कार्यहरू गर्न र परमेश्वरमा प ुकारा गर्न नसक्न ुहँ ुदा, सर्वशक्तिमान ् ् ् परमेश्वरले राजाको निम्ति केही गर्न सक्न ुभएन ।

हाम्रो परमेश्वरबाट आउने आरोग्यताको प्रकाशले सबै प्रकारका रो गबिमारहरू निको पार्ने भएको ह ुनाले पक्षाघातीहरू उठ ्न र हिँड ्न, अन्धाहरू देख्न, बहिराहरू स ुन्न र मरेकाहरू फेरि जीवित भई उठ ्न सक्छन ् ।

चङ्गाइकर्ता परमेश्वरसित असीमित शक्ति भएकोले गर्दा, रोगबिमारहरूको जटिलता उहाँको निम्ति केही पनि होइन । रुघाखोकी जस्तो सामान्य बिमारदेखि लिएर क्यान्सर जस्तो गम्भीर रोगहरूसमेत चङ्गाइकर्ता परमेश्वरको निम्ति साधारण क ुरा हो । हामी कस्तो हृदयका साथ परमेश्वरको साम ु आउँदछौं : र ाजा आसाको जस्तो वा राजा हिजकियाको जस्तो सो क ुरा नै सबैभन्दा महत्वप ूर्ण हँ ुदछ ।

तपाईंहरूले येश ू ख्रीष्टलाई ग्रहण गर्न ुभएको होस ्, पापको समस्याबाट समाधान पाउन ुभएको होस ्, विश्वासद्वारा धार्मिक ठहरिन ुभएको होस ्, राजा हिजकियाले जस्तै नम्र हृदय र विश्वास सहितका कार्यहरूद्वारा परमेश्वरलाई प्रसन्न त ुल्याउन ुभएको होस ्, सबै प्रकारका रोगबिमारहरूबाट चङ्गाइ प्राप्त गर्न ुभएको होस ् र सधैँभरि स्वस्थ जीवन जिउन ुभएको होस ् भनी म हाम्रो प्रभ ुको नाउँमा प्रार्थना गर्दछ ु !

अध्याय २

के तपाईं निको हुन चाहनुहुन्छ ?

त्यहाँ अठतीस वर्षदेखि बिरामी भएको एक जना मानिस थियो । येशूले त्यसलाई त्यहाँ पल्टिरहेको देख्नुभयो अनि लामो समयदेखि त्यो यस दशामा रहेछ भनी जानेर येशूले त्यसलाई भन्नुभयो, “के तिमी निको हुन चाहन्छौ ?”

(यूहन्ना ५:५-६) ।

के तपाईं निको हुन चाहनुहुन्छ

विगतमा परमेश्वरलाई नचिन्नु भएकाहरू, परमेश्वरलाई खोज्दै उहाँकहाँ आउनु भएको यस्ता थुपै घटनाहरू छन्। कोही भने आफ्नो असल विवेकलाई पछ्याउँदै उहाँकहाँ आउनुहुन्छ भने कोहीचाहिँ सुसमाचार सुन्नु भएपछि उहाँकहाँ आउनुहुन्छ। कोही भने आफ्नो व्यापार व्यवसायमा भएको असफलता वा पारिवारिक समस्याको कारण परमेश्वरलाई खोज्दै आउनुहुन्छ। अनि कोहीचाहिँ एकदमै शारीरिक पीडाहरूबाट गुजेँपछि वा मृत्युको भयको कारण उहाँको सामु आउनुहुन्छ।

अठतीस वर्षदेखि पीडा सहँदै बेथस्दा नामक जल-कुण्डनिर चङ्गाइको पर्खाइमा बस्नु भएको त्यस पक्षाघाती जस्तै, परमेश्वरबाट पूर्ण रूपमा चङ्गाइ पाउनको लागि हामीले पनि सबै थोक उहाँमा सुम्पनु पर्दछ र चङ्गाइ प्राप्त गर्ने हार्दिक चाहना राख्नु पर्दछ।

यरूशलेममा भेडा ढोका नजीक एउटा जल कुण्ड थियो जसलाई हिब्रूमा "बेथस्दा" भनिन्थ्यो। त्यो जलकुण्डको वरिपरि पाँचवटा दलानहरू थिए जहाँ अन्धा, लङ्गडा र पक्षाघातीहरू पसिरहन्थे। परमेश्वरको एउटा दूत बेलाबेलामा तल ओर्लिआउनुभएर जलकुण्डको पानीलाई हल्लाइदिनुहुन्छ र पानी छचल्किएपछि, जो पहिला पानीभित्र पस्छ उसका सबै रोगहरू निको हुन्छन् भन्ने कुरामा तिनीहरू विश्वास गर्दथे।

अठतीस वर्षदेखि जलकुण्डनिर पसिरहेको बिरामीलाई देख्नु भएपछि, सो व्यक्तिको अवस्थाबारे अघिबाटै जान्नु भएकोले गर्दा येशूले उसलाई "के तिमी निको हुन चाहन्छौ?" भनी सोध्नु भयो र प्रतिउत्तरमा त्यस व्यक्तिले यसो भन्यो, "हजूर, जुन बेला पानी छचल्काइन्छ मलाई जलकुण्डमा हालिदिने मेरो कोही मानिस छैन, म जाँदाजाँदै मभन्दा अगाडि अर्को मान्छे पानीमा ओर्लिहाल्छ" (यूहन्ना ५:७)। यसद्वारा, त्यस व्यक्तिले उसमा चङ्गाइ प्राप्त गर्ने हार्दिक चाहना

भएतापनि, आफू निरिह भएको कुरा प्रभुको सामु स्वीकार गऱ्यो । हाम्रो प्रभुले त्यस व्यक्तिको हृदयलाई हेर्नुभएर, "खडा होऊ, र आफ्नो ओछ्यान उठाऊ, र हिँड" भनी भन्नुभयो र त्यो व्यक्ति त्यही क्षण निको भयो : उसले आफ्नो ओछ्यान बोक्यो र हिँड्यो (यूहन्ना ५:८) ।

तपाईंले येशू ख्रीष्टलाई ग्रहण गर्नु पर्दछ

येशू ख्रीष्टलाई भेटेपछि अठतीस वर्षदेखि बिरामी परेको व्यक्ति तुरुन्तै निको भयो । साँचो जीवनको स्रोत, येशू ख्रीष्टमा विश्वास गरेपछि, त्यस व्यक्तिले उसका सबै पापहरूबाट क्षमा पायो र चङ्गाइ प्राप्त गऱ्यो ।

के तपाईंहरू मध्ये कोही रोगहरूबाट पीडित हुनुहुन्छ ? यदि तपाईं रोगहरूबाट पीडित हुनुहुन्छ र परमेश्वरको सामु आएर चङ्गाइ प्राप्त गर्न चाहनुहुन्छ भने, सर्वप्रथम तपाईंले येशू ख्रीष्टलाई ग्रहण गर्नु पर्दछ, परमेश्वरको सन्तान बन्नु पर्दछ र परमेश्वर र तपाईंबीचको अवरोध हटाउनको लागि पाप क्षमा पाउनु पर्दछ । त्यसपछि तपाईंले परमेश्वर सर्वव्यापी र सर्वशक्तिमान्‌ हुनुहुन्छ र उहाँले उदेकका कार्यहरू गर्नुहुन्छ भन्ने कुरामा विश्वास गर्नुपर्दछ । यसका साथै तपाईंले हामी येशूले खानुभएको कोर्राको चोटद्वारा सबै रोगहरूबाट निको भएका छौं र येशू ख्रीष्टको नाउँमा माग्दा हामीले चङ्गाइ पाउन सक्छौं भन्ने कुरामा विश्वास गर्नुपर्दछ ।

जब हामी यस प्रकारको विश्वासका साथ माग्दछौं, तब परमेश्वरले हाम्रो विश्वासको प्रार्थनालाई सुन्नुहुनेछ र चङ्गाइका कार्यहरू प्रकट गर्नुहुनेछ । तपाईंको रोग जतिसुकै पुरानो वा गम्भीर भएतापनि चङ्गाइको परमेश्वरले तपाईंलाई एकै क्षणमा पूर्णरूपमा निको पार्न सक्नुहुन्छ भन्ने विश्वासका साथ रोगबिमार सम्बन्धी आफ्ना सबै समस्याहरू परमेश्वरमा जाहेर गर्नुहोस् ।

मर्कूस २:३-१२ मा उल्लेख गरिएको पक्षाघातीले येशू कफर्नहुममा

आउन ुभएको छ भन्ने स ुन्दा, उसले उहाँको साम ु जाने इच्छा गर्‍यो । ये श ूले रोगीबिरामीहरूलाई निको पार्न ुभएको, द ुष्टात्माहरू धपाउन ु भएको र क ुष्ठरोगीहरूलाई निको पार्न ुभएको खबर स ुनेपछि, विश्वास गरेको खण्डमा आफ ू पनि निको ह ुन सक्ने क ुरा त्यस पक्षाघातीले महस ुस गर्‍यो । भीडको कारण येश ूको साम ु जान सम्भव नभएपछि त्यस पक्षाघातीका साथीहरूले येश ू उभिन ुभएको ठाउँमाथिको छत खोली, पक्षाघातीलाई उसको खाट सहित ये श ूको साम ुन्ने ओह्रालिदिए ।

जसरी भएपनि येश ूको साम ु जान चाहने पक्षाघातीको हार्दिक चाहना के तपाई कल्पना गर्न सक्न ुह ुन्छ ? आफै हिँड ्ड ूल गर्न नसक्ने र भीडको कारण येश ूको साम ु जान नसकेको त्यस पक्षाघातीले उसका मित्रहरूको सहायताद्वारा विश्वास र समर्पणता देखाउँदा येश ूले कस्तो प्रतिक्रिया जनाउन ु भयो त ? येश ूले त्यस पक्षाघातीलाई उसको त्यस्तो कार्यको निम्ति हप्काउन ु भएन बरु उसलाई, "ए छोरा, तिम्रा पापहरू क्षमा भए" भन्न ुभयो र त्यत्तिनै खेर उसलाई उठेर हिँड ्न सक्ने त ुल्याउन ु भयो ।

भजनसंग्रह ८:१७ मा परमेश्वरले हामीलाई भन्न ुभएको छ, "मलाई प्रेम गने र्हरूलाई म प्रेम गर्छ ु, मलाई खोज्नेहरूले मलाई भेट्टाउँछन् ।" यदि तपाई रो गबिमारको पीडाबाट छ ुटकारका पाउन चाहन ुह ुन्छ भने, तपाईमा चङ्गाइ पाउने हार्दिक चाहना ह ुन ुपर्दछ, रोगबिमारको समस्या समाधान गर्न ुह ुने परमेश्वरको शक्तिमा विश्वास गर्न ुपर्दछ र येश ू ख्रीष्टलाई ग्रहण गन ुर् पर्दछ ।

तपाईले पापको पर्खाल भत्काउन ु पर्दछ

परमेश्वरको शक्तिद्वारा चङ्गाइ पाउनेछ ु भनी तपाईले जति स ुकै विश्वास गर्न ुभएतापनि, यदि तपाई र परमेश्वरको बीचमा पापको पर्खाल छ भने परमे श्वरले तपाईलाई सहायता गर्न सक्न ुह ुन्न । त्यसकारण यशैया १:१५-१७ मा

परमेश्वरले हामीलाई भन्न ु भएको छ, “तिमीहरूले पार्थनामा आफ्ना हात पसार्दा, म मेरा आँखा तिमीहरूदेखि छोप्नेछ ु । तिमीहरूले ज्यादै पार्थना गर्दा पनि म स ुन्नेछैनँ । तिमीहरूका हात रगतले भरिएका छन ् । आफ ू लाई धोएर चोखो पार । मेरो नजरबाट तिमीहरूका द ुष्ट कामहरू फालिदेओ ! खराबी गर्न छोड । भलाइ गर्न सिक ! न्याय खोज, अत्याचारमा परेकाहरूलाई पोत्साहन देओ, ट ुह ुरा-ट ुह ुरीको रक्षा गर, विधवाको पक्षमा बोलिदेओ” र त्यसपछिको १८ पदमा उहाँले पतिज्ञा गर्न ुभएको छ, “अब आओ, हामी सँगसँगै बसेर आफ्ना क ुराको छलफल गरौं । तिमीहरूका पापहरू सिन्द ूरे रङ्गका भए तापनि ती हिउँजस्तै सेता ह ुनेछन ् । गाढा राता रङ्गका भए तापनि ती ऊनजस्तै ह ुनेछन ् ।” यशैया ५९:१-३ मा हामी यस्तो लेखिएको पाउँदछौं :

> निश्चय नै परमपभ ुको हात बचाउन नसक्ने गरी छोटो भएको छैन, न त उहाँको कान स ुन्न नसक्ने गरी बाक्लो भएको छ । तर तिमीहरूका अधर्मले तिमीहरूलाई आफ्ना परमेश्वरबाट अलग गरेका छन ्, र तिमीहरूका पापले गर्दा उहाँको म ुहार तिमीहरूबाट छेकिएको छ, र उहाँले तिमीहरूको क ुरा स ुन्न ुह ुनेछैन । किनकि तिमीहरूका हात रगतले र तिमीहरूका औँला दोषले पोतिएका छन ्, र तिमीहरूका ओठले भ ूटा क ुराहरू बोलेका छन ्, र तिमीहरूको जिब्रोले द ुष्ट क ुराहरू बत्तछ ।

परमेश्वरलाई नचिनेका, येश ू ख्रीष्टमा विश्वास नगरेका, र आफ ू अन ुरूप जीवन जिउनेहरूले तिनीहरूमा भएको पापलाई महस ुस गर्दैनन ् । जब मानिसहरूले येश ू ख्रीष्टलाई म ुक्तिदाताको रूपमा ग्रहण गर्न ुभएर पवित्र आत्माको वरदान पाप्त गर्न ु ह ुन्छ, तब पवित्र आत्माले संसारलाई पाप, धार्मिकता र न्यायको विषयमा दोषी ठहराउन ुह ुन्छ, जसले गर्दा उहाँहरूले

आफ्ना पापहरू महसुस गर्नुभई आफू पापी भएको कुरा स्वीकार्नुहुनेछ (यूहन्ना १६:८-११)।

यद्यपि, त्यहाँ केही यस्ता अवस्थाहरू छन् जसमा मानिसहरूलाई कुन कुरा पाप हो वा होइन भन्ने बारे राम्ररी थाहा नभएकोले गर्दा, तिनीहरू आफूभित्र भएका पाप र दुष्टताहरू त्याग्न सक्दैनन् र परमेश्वरबाट उत्तरहरू प्राप्त गर्न सक्दैनन्, परमेश्वरले कुन कुरालाई पाप ठहऱ्याउनुहुन्छ सो तिनीहरूले शुरुमा थाहा पाउनुपर्दछ। सबै प्रकारका रोगबिमारहरू पापको कारण आउने भएकोले गर्दा, स्वयम्‌लाई जाँचेर हेरी पापको पर्खाल भत्काएको खण्डमा मात्र तपाईंले तुरुन्तै चङ्गाइको कार्य अनुभव गर्न सक्नुहुन्छ।

पाप के हो र पापको पर्खाललाई कसरी भत्काउने भन्ने सम्बन्धमा धर्मशास्त्र पदले के भन्दछ त्यस बारे हामी हेरौं।

परमेश्वरमा विश्वास नगरेको र येशू ख्रीष्टलाई ग्रहण नगरेको कुराको निम्ति तपाईंले पश्चात्ताप गर्नुपर्दछ।

परमेश्वरमा विश्वास नगर्नु र येशू ख्रीष्टलाई मुक्तिदाताको रूपमा ग्रहण नगर्नु पाप हो भनी बाइबलले हामीलाई भन्दछ (यूहन्ना १६:९)। थुप्रै अविश्वासहरू तिनीहरूले असल जीवन जिएको कुरा भन्दछन्, तर तिनीहरूलाई सत्यको वचन- परमेश्वरको ज्योति- थाहा नभएको गर्दा तिनीहरू आफैलाई राम्ररी चिन्न सक्दैनन् र सही र गलत छुट्याउन सक्दैनन्।

असल जीवन जिएको छु भन्ने व्यक्तिको जीवनलाई समेत यदि सत्यता अर्थात् ब्रह्माण्डमा भएका सबै थोकहरू सृष्टि गर्नुहुने र जीवन, मृत्यु, सराप र आशिष्‌लाई नियन्त्रण गर्नुहुने सर्वशक्तिमान् परमेश्वरको वचनद्वारा प्रतिबिम्बित गरेर हेर्ने हो भने थुप्रै अधार्मिकता र असत्यताहरू फेला पर्नेछन्। त्यसकारण बाइबलले हामीलाई, "धर्मी कोही छैन, एक जना पनि छैन" (रोमी

३:१०) र “यसैकारण व्यवस्थाको कर्मले कोही पाणी उहाँको द ृष्टिमा धर्मी ठहरिनेछैन, किनकि व्यवस्थाद्वारा नै पापको चेतना ह ुन्छ” (रोमी ३:२०) भनी भन्दछ ।

परमेश्वरमा विश्वास नगरेको र येश ू खीष्टलाई गहण नगरेको निम्ति पश्चात्ताप गरी जब तपाईं येश ू खीष्टलाई गहण गर्न ुह ुन्छ तब सर्वशक्तिमान् परमेश्वर तपाईंको पिता बन्न ुह ुनेछ र तपाईंले रोगहरूबाट चङ्गाइ पाउन ुह ुनेछ ।

१. आफ्ना दाज ुभाइहरूलाई पेम नगरेको निम्ति तपाईंले पश्चात्ताप गर्न ु पर्दछ ।

बाइबलले हामीलाई भन्दछ, “पिय हो, यदि परमेश्वरले हामीलाई यसरी पेम गर्न ुभएको हो भने, हामीले पनि एउटाले अर्कोलाई पेम गर्न ुपर्छ” (१ य ूहन्ना ४:११) । साथै यसले हामीलाई आफ्ना शत्र ुहरूलाई समेत पेम गर्न भन्दछ (मत्ती ५:४४) । यदि हामी आफ्ना दाज ुभाइहरूलाई घ ृणा गर्दछौं भने हामीले परमेश्वरको वचनलाई अवहेलना गरिरहेका ह ुन्छौं र पाप गरिरहेका ह ुन्छौं ।

पाप र द ुष्टतामा जिइरहेका मानवजातिको निम्ति, येश ूले क्र ूसमा चढ्न ुभएर उहाँको पेम पकट गर्न ुभएको थियो, त्यसकारण हामीले पनि आफ्ना आमाब ुवा, छोराछोरीहरू र दाज ुभाइ तथा दिदीबहिनीहरूलाई पेम गर्न ुपर्दछ । अरूलाई घ ृणा गर्न ु, क्षमा दिन नसक्न ु, एकअर्कापति खराब भावना र गलत ब ुझाइ ह ुन ु परमेश्वरको द ृष्टिमा ठीक होइन ।

मत्ती १८:२३-३५, मा येश ूले यस्तो द ृष्टान्त भन्न ुभएको थियो :

यसैकारण स्वर्गको राज्य एउटा राजासँग त ुलना गर्न सकिन्छ, जसले आफ्ना नोकरहरूसँग हिसाब लिने इच्छा गरे । जब तिनले हिसाब लिन

लागे, दश हजार सुनका सिक्का ऋण लिने एक जना तिनीकहाँ ल्याइयो । तर त्यस मानिसले तिर्न नसक्दा त्यसका मालिकले त्यसलाई र त्यसका पत्नी र छोरा-छोरी र त्यसका सबै थोक बेची ऋण चुकाउने हुकुम दिए । तब त्यस नोकरले घुँडा टेकी तिनका पाउमा परेर भन्न लाग्यो, ' मालिक, ममाथि धैर्य गर्नुहोस्, म तपाईंको सबै ऋण चुकाउनेछु ।' तब त्यस नोकरका मालिकले टिठ्याएर त्यसलाई छोडिदिए, र त्यसको ऋण माफी गरिदिए । तर त्यस नोकरले निस्केर जाँदा आफ्नो सङ्गी-नोकरहरूमध्ये एक जनालाई भेट्यो, जो त्यसको एक सय चाँदीका सिक्काको ऋणी थियो । उसलाई घोक्रोमा पक्रेर त्यसले भन्यो, 'तेरो ऋण तिरिहाल् ।' तर त्यसको सङ्गी-नोकरले घोप्टो परेर त्यसलाई बिन्ती गर्‍यो, 'ममाथि धैर्य गर, म तिमीलाई सबै तिरिदिनेछु ।' तर त्यो मानेन, र गएर ऋण नतिरुन्जेलसम्म उसलाई झ्यालखानमा हालिदियो । त्यसका सङ्गी-नोकरहरूले यी सब देखे र तिनीहरू अति दुःखित भए । तिनीहरूले गएर यी सब घटना आफ्ना मालिकलाई बताइदिए । तब मालिकले त्यस नोकरलाई आफूकहाँ बोलाएर भने, 'ए दुष्ट नोकर, तैंले मसँग बिन्ती गरिस्, र मैले तँलाई तेरो ऋण माफी गरिदिएँ । मैले तँमाथि दया गरेझैं तैंले पनि तेरो सङ्गी-नोकरमाथि दया गर्नुपर्ने थिएन?' तब त्यसका मालिकले क्रुद्ध भएर त्यसलाई सबै ऋण नतिरुन्जेल दण्ड दिनेहरूका हातमा सुम्पिदिए । तिमीहरूले आफ्नो भाइलाई आफ्नो हृदयदेखि क्षमा गरेनौ भने, स्वर्गमा हुनुहुने मेरा पिताले पनि तिमीहरूसँग त्यसै गर्नुहुनेछ ।

हामीले हामो पिताबाट क्षमा र अनुग्रह पाएतापनि, आफ्ना दाजुभाइहरूको गल्ती र कमजोरीहरूलाई अंगाल्न नसकी वा अंगाल्न नचाही उनीहरूलाई प्रतिद्वन्द्वीको रूपमा लिई, शत्रुता गर्दै, क्रोधित बन्दै के हामी एकअर्कालाई

क्रुद्ध तुल्याउने काम गरिरहेका त छैनौं ?

"आफ्नो दाजुभाइलाई घृणा गर्ने हरेक हत्यारा हो, र कुनै हत्यारासँग अनन्त जीवन रहँदैन भन्ने तिमीहरूलाई थाहै छ" (१ यूहन्ना ३:१५), "तिमीहरूले आफ्नो भाइलाई आफ्नो हृदयदेखि क्षमा गरेनौ भने, स्वर्गमा हुनुहुने मेरा पिताले पनि तिमीहरूसँग त्यसै गर्नुहुनेछ" (मत्ती १८:३५) भन्नुहुँदै परमेश्वर हामीलाई, "भाइ हो, एउटाले अर्काको विरुद्धमा गनगन नगर, नत्रता तिमीहरू दोषी ठहरिनेछौ। हेर, न्यायकर्ता ढोकैमा हुनुहुन्छ" (याकूब ५:९) भनी जनाउँ दिँदै हुनुहुन्छ।

यदि हामी आफ्ना दाजुभाइहरूलाई घृणा गरिरहेका छौं भने, हामी पाप गर्दै छौं भन्ने कुरा हामीले बुझ्नुपर्दछ र यस्तो अवस्थामा हामी पवित्र आत्माद्वारा भरिनुको साटो झन् कष्ठित बन्नेछौं। तसर्थ, हाम्रा दाजुभाइहरूले हामीलाई घृणा गरेर निराश तुल्याएतापनि, बदलामा उनीहरूलाई घृणा गर्नु र निराश तुल्याउनुको साटो हामीले आफ्नो हृदयलाई सत्यताद्वारा सुरक्षित राख्नुपर्दछ, उनीहरूलाई बुझ्नु पर्दछ र क्षमा दिनु पर्दछ। त्यस्ता दाजुभाइ तथा दिदीबहिनीहरूका निम्ति प्रेमका साथ प्रार्थना गरिदिने हृदय हामीमा हुनु पर्दछ। पवित्र आत्माको सहायतामा जब हामी एकअर्कालाई बुझ्छौं, क्षमा दिन्छौं र प्रेम गर्छौं, तब परमेश्वरले पनि उहाँको करुणा र दया प्रकट गर्नुहुनेछ र चङ्गाइका कार्यहरू प्रकट गर्नुहुनेछ।

२. यदि तपाईंले लोभलालचका साथ प्रार्थना गर्नुभएको थियो भने त्यसको निम्ति पश्चात्ताप गर्नु पर्दछ

येशूले भूतात्मा लागेको केटोलाई निको पार्नु भएपछि, उहाँका चेलाहरूले उहाँसित यसो भनी प्रश्न गर्नुभयो, "हामीले त्यसलाई किन निकाल्न सकेनौं ?" जवाफमा येशूले भन्नुभयो, "यस किसिमको चाहिँ प्रार्थनाले बाहेक अरू कुनै

उपायले धपाउन सकिँदैन" (मर्कूस ९:२९) ।

कहिलेकाहीँ, रोगबिमारहरूबाट चङ्गाइ पाउनको लागि हामीले प्रार्थनाका साथै उपवास सहितको प्रार्थनासमेत परमेश्वरमा अर्पण गर्नु पर्ने हुन्छ । यद्यपि, व्यक्तिगत स्वार्थका साथ गरिएको प्रार्थनाले परमेश्वरलाई खुशी तुल्याउन नसक्ने भएकोले गर्दा यस्ता प्रार्थनाहरूद्वारा उत्तर भने पाउन सकिँदैन । परमेश्वरले हामीलाई आज्ञा दिनुभएको छ, "यसकारण चाहे तिमीहरू खाओ, अथवा पिओ, वा तिमीहरू जेसुकै गर, सबै परमेश्वरका महिमाको निम्ति गर" (१ कोरिन्थी १०:३१) । तसर्थ, हामीले हासिल गरेको शिक्षा र हामीले प्राप्त गरेको ख्याति वा शक्ति, यी सबै परमेश्वरको महिमाको निम्ति हुनुपर्दछ । याकूब ४:२-३ मा हामी यस्तो लेखिएको पाउँदछौं, "तिमीहरू इच्छा त गर्दछौ, तर तिमीहरू पाउँदैनौ । तिमीहरू हत्या गर्दछौ र लोभ गर्छौ, तर पाउन सक्दैनौ । तिमीहरू झगडा गर्दछौ र लडाइँ गर्छौ । तिमीहरूसित हुँदैन, किनभने तिमीहरू परमेश्वरसँग माग्दैनौ । तिमीहरू माग्छौ तर पाउँदैनौ, किनकि आफ्ना अभिलाषा पूरा गर्नलाई बेठीकसित माग्छौ ।"

यदि तपाईंले गर्नुभएको चङ्गाइको निम्ति प्रार्थना स्वस्थ जीवन जिएर परमेश्वरलाई महिमा दिनको लागि हो भने ; तपाईंले प्रार्थनामा माग्नु भएपछि उत्तर पाउनुहुनेछ । यदि तपाईंले चङ्गाइको निम्ति प्रार्थना गर्नुहुँदा उत्तर पाउनुभएको छैन भने, परमेश्वरले तपाईंलाई धेरै गुणा बढी ठूला कुराहरू दिन चाहनु भएतापनि, तपाईंले सत्यता अनुसार उचित नरहेको कुरा माग्नुभएको कारणले गर्दा त्यसो भएको हुन सक्छ ।

कस्तो प्रार्थनाले परमेश्वरलाई खुशी पार्न सक्छ त ? येशूले मत्ती ६:३३ मा हामीलाई, "तर पहिले उहाँको राज्य र उहाँका धार्मिकताको खोजी गर, र यी सबै थोक तिमीहरूका निम्ति थपिनेछन्" भनी भन्नु भएझैं, भोजन, वस्त्र र यस्ता अन्य थोकहरूको चिन्ता नगरी हामीले परमेश्वरको राज्य, धार्मिकता, सुसमाचार र पवित्रकरणको निम्ति प्रार्थना गर्दै उहाँलाई प्रसन्न तुल्याउनु पर्दछ । त्यसपछि

मात्र परमेश्वरले हाम्रो हृदयका चाहनाहरूको उत्तर दिनुहुनेछ र हामीलाई रोगबाट पूर्ण रूपमा चङ्गाइ दिनुहुनेछ।

३. यदि तपाईंले शङ्का गर्दै प्रार्थना गर्नुभएको छ भने, त्यसको निम्ति पश्चात्ताप गर्नु पर्दछ

विश्वासको साथ गरिएको प्रार्थनादेखि परमेश्वर खुशी बन्नुहुन्छ । यस बारे हिब्रू ११:६ मा हामी यस्तो लेखिएको पाउँदछौं, "विश्वासविना परमेश्वरलाई प्रसन्न पार्नु असम्भव छ । किनकि जो परमेश्वरको नजिक आउँछ, त्यसले परमेश्वर हुनुहुन्छ र उहाँलाई खोज्नेहरूलाई उहाँले प्रतिफल दिनुहुन्छ भन्ने पक्का विश्वास गर्नुपर्छ ।" त्यसैगरी, याकूब १:६-७ ले हामीलाई यो स्मरण गराउँदछ कि, "तर त्यसले कत्ति पनि शङ्का नगरी विश्वाससाथ मागोस् । शङ्का गर्नेचाहिँ बतासले उचाल्दै पछार्दै गर्ने समुद्रका छालसमान हुनेछ । त्यस्तो मानिसले यो नसम्झोस्, कि उसले प्रभुबाट केही पाउनेछ ।"

शङ्कापूर्वक प्रार्थना गर्नु भनेको सर्वशक्तिमान् परमेश्वरमा अविश्वास गर्नु, उहाँको शक्तिलाई अपमानित तुल्याउनु र उहाँलाई असक्षम परमेश्वर ठान्नु सरह हो । त्यसको निम्ति तपाईंले पश्चात्ताप गर्नु पर्दछ र विश्वासका पूर्खाहरूलाई हेर्दै साँचो विश्वास धारण गर्नको लागि जोशिलो भई इमानदारितापूर्वक प्रार्थना गर्नु पर्दछ।

बाइबलका थुप्रै ठाउँमा हामी येशूले ठूलो विश्वास भएकाहरूलाई प्रेम गर्नुभएको, तिनीहरूलाई आफ्नो सेवकको रूपमा नियुक्त गर्नुभएको र तिनीहरूलाई उहाँको सेवकाइमा प्रयोग गर्नुभएको हामी पाउँदछौं । विश्वास देखाउन नसक्दा येशूले उहाँका चेलाहरूलाई समेत हप्काउनु भएको थियो (मत्ती ८:१०) ।

तपाईं कसरी प्रार्थना गर्नुहुन्छ र तपाईंमा कस्तो विश्वास छ ?

मत्ती ८:५-१३ मा एक जना कप्तान, येशू कहाँ आएर पक्षाघातको कारण साह्रै दुःख पाएर घरको ओछ्यानमा सुतिरहेको तिनको नोकरलाई निको पारिदिन उहाँसित बिन्ती गरे । येशूले, "म आएर त्यसलाई निको पार्नेछु" भनी भन्नुहुँदा, त्यस कप्तानले, "हे प्रभु, तपाईंलाई मेरो घरमा स्वागत गर्ने योग्यको म छैनँ । तर वचन मात्र बोलिदिनुहोस्, र मेरो नोकर निको हुनेछ" भन्दै ठूलो विश्वास देखाए। कप्तानको यस्तो कुरा सुन्नुभएपछि येशू आनन्दित बन्नुभयो र तिनको प्रशंसा गर्नुभयो । "साँच्चै, म तिमीहरूलाई भन्दछु, इस्राएलमा पनि यति ठूलो विश्वास मैले भेट्टाएको छैनँ ।" कप्तानको नोकर त्यही क्षण निको भयो ।

मर्कूस ५:२१-४३ मा चङ्गाइको एक उदेकको घटना उल्लेख गरिएको छ । येशू समुद्रको किनारमा हुनुहुँदा, सभाघरका शासकहरू मध्ये याइरस नाउँ भएको एकजना मानिस उहाँकहाँ आए र उहाँका पाउमा घोप्टो परी, "मेरी सानी छोरी मर्न लागेकी छे, आएर त्यसमाथि तपाईंका हात राखिदिनुहोस्", भनी उहाँसित बिन्ती गरे ।

येशू याइरसका साथ जाँदै गर्नुहुँदा बाह्र वर्षदेखि रगत बग्ने रोग भएकी एउटी स्त्री उहाँकहाँ आइन् । त्यस स्त्रीले धेरै वैद्यहरूका हातबाट अनेक कष्ट पाएर आफूसँग भएका सारा धन-दौलत खर्चेर पनि निको नभई, तिनी झन्-झन् खराब हालतमा पुगेकी थिइन् ।

येशूको बारेमा तिनले सुनेकी थिइन्, र भीडको पछिल्तिरबाट आएर तिनले उहाँको वस्त्र छोइन् । "मैले उहाँको वस्त्र मात्र छोएँ भने पनि म निको हुनेछु" भनी तिनले विश्वास गरेकी थिइन् । तिनले येशूको वस्त्र छुनासाथ रगत बग्न बन्द भयो; र आफ्नो शरीरको रोग निको भएको तिनले थाहा पाइन् । आफूबाट शक्ति निस्केर गएको थाहा पाउनुभई येशू भीडतिर पछाडि फर्कनुभई, "कसले मेरो वस्त्र छोयो?" भनी सोध्नुभयो । जब त्यस स्त्रीले सबै सत्य कुरा भनिन् तब येशूले त्यस स्त्रीलाई, "ए छोरी, तिम्रो विश्वासले

तिमीलाई निको पारेको छ । शान्तिसाथ जाऊ । तिम्रो रोग निको होस्" भनी भन्नुभयो । उहाँले त्यस स्त्रीलाई मुक्तिको साथै चङ्गाइको आशिष् पनि दिनुभयो ।

त्यही क्षण, शासकको घरबाट मानिसहरू आएर, "तपाईंकी छोरी त मरी" भनी खबर दिए । येशूले सभाघरका शासकलाई निश्चिन्त गराउनुभई, "नडराऊ, विश्वास मात्र गर" भन्नुभयो र सभाघरका शासकको घरमा जानुभयो । त्यहाँ येशूले मानिसहरूलाई "ठिटी मरेकी छैन, तर सुतिरहेकी छे" भन्नुभयो र त्यस ठिटीलाई "तालिता कूमी," (जसको अर्थ हो, "ए बालिका, म तिमीलाई भन्दछु, उठ") भन्नुभयो । अनि ठिटी तुरुन्तै उठी, र हिँडडुल गर्न लागी ।

विश्वासका साथ प्रार्थना गरेको खण्डमा गम्भीर रोग समेत निको हुन्छ र मृतक पनि पुनर्जीवित हुन्छ भन्ने कुरामा विश्वस्त हुनुहोस् । यदि तपाईंले शङ्का गर्दै प्रार्थना गर्नुभएको छ भने, त्यस पापको निम्ति पश्चात्ताप गर्नुहोस् र चङ्गाइ पाउनुभई बलियो हुनुहोस् ।

४. परमेश्वरका आज्ञाहरू उल्लङ्घन गरेको निम्ति तपाईंले पश्चात्ताप गर्नुपर्दछ ।

यूहन्ना १४:२१ मा येशूले हामीलाई भन्नुभएको छ, "मलाई प्रेम गर्ने त्यही हो जससँग मेरा आज्ञा छन् र ती पालन गर्दछ । अनि मलाई प्रेम गर्नेलाई मेरा पिताले प्रेम गर्नुहुन्छ । म त्यसलाई प्रेम गर्नेछु, र म आफैलाई त्यसकहाँ प्रकट गर्नेछु ।" १ यूहन्ना ३:२१-२२ ले हामीलाई स्मरण गराउँदछ कि, "प्रिय हो, हाम्रो हृदयले हामीलाई दोष दिएन भने परमेश्वरको सामुन्ने हामीलाई साहस हुन्छ । हामी जे माग्छौं, सो उहाँबाट पाउँछौं, किनभने हामी उहाँका आज्ञा पालन गर्छौं, र उहाँलाई मन पर्ने कामहरू गर्छौं ।" पापीलाई परमेश्वरको सामु साहस हुँदैन । यदि हाम्रो हृदयलाई सत्यको वचनद्वारा जाँचेर हेर्दा यो साँचो र

निर्दोष ठहरियो भने, हामी परमेश्वरसित साहसका साथ माग्न सक्छौं ।

त्यसकारण, परमेश्वरमा विश्वास गर्ने व्यक्ति भएर तपाईंले बाइबलका ६६ वटा पुस्तकहरूको सारंशको रूपमा रहेका दश आज्ञाहरू पढ्नु र याद गर्नुपर्दछ अनि तपाईंले जीवनमा कति पटक ती आज्ञाहरूको अवहेलना गर्नुभएको थियो सो पत्ता लगाउनु पर्दछ ।

क) के मैले मेरो हृदयमा परमप्रभु बाहेक अन्य देवीदेवताहरूलाई स्थान दिएको छु ?
ख) के मैले धन-सम्पत्ति, व्यवसाय, छोराछोरीहरू, स्वास्थ्य र यस्तै अन्य थोकहरूलाई प्राथमिकता दिएर त्यसलाई परमेश्वरलाई भन्दा बढी प्रेम गरेको छु ?
ग) के मैले परमेश्वरको नाउँ व्यर्थमा लिएको छु ?
घ) के मैले प्रभुको दिन (विश्राम दिन) सधैँ पालना गरेको छु ?
ङ) के मैले सधैँभरि मेरा आमा बुवाको आदर गरेको छु ?
च) के मैले हत्या गरेको छु वा आफ्ना दाजुभाइ तथा दिदीबहिनीहरूलाई घृणा गरी वा तिनीहरूलाई पाप गर्न लगाई आत्मिक हत्या गरेको छु ?
छ) के मैले कार्य वा हृदयमा व्यभिचार गरेको छु ?
ज) के मैले चोरी गरेको छु ?
झ) के मैले आफ्ना छरछिमेकीहरूको विरुद्धमा झूटा गवाहीहरू दिएको छु ?
ञ) के मैले आफ्ना छरछिमेकीहरूका मालमत्ताहरूको लोभ गरेको छु ?

यसका साथै, आफ्नो छिमेकीलाई आफैलाईझैं प्रेम गर भन्ने परमेश्वरको आज्ञालाई तपाईंले पालना गर्नु भएको छ कि छैन भनी तपाईंले आफैलाई जाँचेर हेर्नुपर्दछ । जब तपाईं परमेश्वरका आज्ञाहरू पालना गर्नुभई उहाँसित

प्रार्थनामा माग्नु हुन्छ, तब सर्वशक्तिमान् परमेश्वरले तपाईंलाई सबै प्रकारका रोगबिमारहरूदेखि चङ्गाइ दिनु हुनेछ।

५. परमेश्वरमा नरोपेको निम्ति तपाईंले पश्चात्ताप गर्नु पर्दछ

परमेश्वरले ब्रह्माण्डका सबै थोकहरूलाई नियन्त्रण गर्नु हुने भएकोले गर्दा, उहाँले आत्मिक राज्यका केही नियमहरू बसाल्नु भएको छ र एक धार्मिक न्यायाधीशको रूपमा उहाँ त्यही अनुसार नै सबै कुराहरू सञ्चालन र व्यवस्थापन गर्नु हुन्छ।

दानिएलको पुस्तक ६ अध्यायमा, राजा दाराले, राजा भएर पनि आफ्नो प्रिय सेवक दानिएललाई सिंहको खोरमा फालिनबाट रोक्न सकेनन्। राजा स्वयम्ले नै लिखित आदेश जारी गरेको हुनाले, आफैले स्थापित गरेको आदेशलाई तिनले उल्लङ्घन गर्न सकेनन्। यदि राजा स्वयम्ले नै नियम मिचेर आदेश उल्लङ्घन गर्छ भने, कसले तिनको आदेश मान्ने र तिनको सेवा गर्ने? त्यही भएर, तिनका प्रिय सेवक दानिएल दुष्ट मानिसहरूका षड्यन्त्रमा परी सिंहको खोरमा फालिन लाग्दा, उहाँको बचाउमा राजा दाराले केही पनि गर्न सकेनन्।

त्यसैगरी, परमेश्वर पनि उहाँले बसाल्नु भएको नियमलाई मिच्नु हुन्न र ब्रह्माण्डका समस्त थोकहरू उहाँको नियन्त्रणमा सही क्रमिकता अनुसार नै चलिरहन्छ। त्यसकारण गलाती ६:७ ले भन्दछ, "धोखामा नपर, परमेश्वरको ठट्टा हुँदैन, किनभने मानिसले जे रोप्दछ त्यसैको कटनी पनि गर्नेछ।"

तपाईं जति मात्रामा प्रार्थनामा रोप्नु हुन्छ, त्यति नै मात्रामा उत्तरहरू प्राप्त गर्नु भई तपाईं आत्मिक रूपमा वृद्धि हुनु हुनेछ, र तपाईंको भित्री मनुष्यत्व दृढ भई तपाईंको आत्मा नयाँ हुनेछ। यदि तपाईं बिरामी हुनु हुन्छ वा तपाईंमा दुर्बलताहरू छन् भने पनि, हार्दिकतापूर्वक आराधना सेवाहरूमा सहभागी हुनु भएर परमेश्वरप्रतिको तपाईंको प्रेम प्रकट गर्नु होस्

जसले गर्दा तपाईंले स्वस्थ रहने आशिष् प्राप्त गर्नुभई शारीरिक परिवर्तनहरू पनि महसुस गर्न सक्नुहुनेछ। यदि तपाईं परमेश्वरमा धन रोप्नुहुन्छ भने, उहाँले तपाईंलाई परीक्षाहरूमा पर्नबाट बचाउनुका साथै सम्वृद्धिको आशिष् पनि दिनुहुनेछ।

परमेश्वरमा रोप्नु कति महत्वपूर्ण छ भनी बुझ्नुभएर, जब तपाईं यस संसारका नाशवान् थोकहरूप्रतिको चाहनालाई त्याग्नुभई साँचो विश्वासका साथ स्वर्गमा इनामहरू भण्डार गर्न थाल्नुहुन्छ, तब सर्वशक्तिमान्‌ परमेश्वरले हरसमय तपाईंलाई स्वस्थ राख्नुहुनेछ।

परमेश्वरको वचनद्वारा हामीले, कुन कुरा परमेश्वर र मानिसहरूको बीचमा पर्खाल बनेको छ र हामी रोगबिमारको पीडामा जिउनु पर्ने कारण के हो भन्ने तथ्यलाई राम्ररी केलाएर हेरेका छौं। यदि तपाईंले परमेश्वरमा विश्वास गर्नुभएको छैन र तपाईं रोगबिमारबाट पीडित हुनुहुन्छ भने, तपाईं येशूलाई आफ्नो मुक्तिदाता स्वीकार गर्नुहोस् र ख्रीष्टमा रहेर जीवन जिउन शुरु गर्नुहोस्। शरीरलाई नष्ट गर्ने तर आत्मालाई हानि गर्न नसक्नेसित नडराउनुहोस्। बरु, शरीर र आत्मा दुवैलाई नरकमा लैजान सक्नेको भय मान्नुहोस् र आमाबाबु, दाजुभाइ तथा दिदीबहिनी, पति-पत्नी, सासु-ससुरा तथा अरूबाट आउने सतावटहरूको माझमा समेत मुक्तिको परमेश्वर प्रतिको तपाईंको विश्वासलाई जोगाइ राख्नुहोस्। परमेश्वरले तपाईंको विश्वासलाई मान्यता दिनुभएपछि, उहाँले काम गर्नुहुनेछ र तपाईंले चङ्गाइको अनुग्रह प्राप्त गर्न सक्नुहुनेछ।

विश्वासी भएर पनि यदि तपाईं रोगबिमारबाट पीडित हुनुहुन्छ भने, कतै तपाईंमा घृणा, ईर्ष्या, डाह, अधार्मिकता, अपवित्रता, लोभ, हत्या, स्वार्थीपना, झैझगडा, फूट, घमण्ड, न्याय गर्ने जस्ता दुष्टताका अवशेषहरू छन् कि भनी, तपाईंले स्वयम्‌लाई जाँचेर हेर्नु पर्दछ। परमेश्वरमा प्रार्थना गर्नुभई

तपाईंले उहाँको दया र कृपामा क्षमा पाउनुका साथै रोगबिमारको समस्याबाट समेत चङ्गाइ पाउनुभएको होस्।

मानिसहरू परमेश्वरसित मोलतोल गर्ने पयत्न गर्दछन्। परमेश्वरले रोगबिमार र दुर्बलताहरूबाट चङ्गाइ दिनुभएमा येशूमा विश्वास गर्नेछौं र उहाँलाई पछ्याउनेछौं भनी तिनीहरू शर्त राख्दछन्। यद्यपि, परमेश्वर हरेकको हृदय जान्नुहुने भएकोले गर्दा, आत्मिक रूपमा तिनीहरूलाई शुद्ध बनाउनुभएपछि मात्र उहाँले तिनीहरूका शारीरिक रोगहरू निको पार्नुहुनेछ।

मानिसका विचार र परमेश्वरका विचारहरू फरक छन् भन्ने कुरा बुझ्नुभई, तपाईंले पहिले परमेश्वरको इच्छा पालना गर्नुभएकोहोस् जसले गर्दा तपाईंको आत्माको उन्नति हुनुका साथै तपाईंले रोगबिमारहरूबाट समेत चङ्गाइ पाउनुभएकोहोस् भनी हाम्रो पभुको नाउँमा म पार्थना गर्दछु!

अध्याय ३

चङ्गाइकर्ता परमेश्वर

तिमीहरूले परमपभु आफ्ना परमेश्वरका कुरा ध्यानसित सुन्यौ, उहाँको दृष्टिमा जे ठीक छ सो गर्‍यौ, र उहाँका आज्ञाहरूमा ध्यान लगायौ, र उहाँका सबै विधिहरू मान्यौ भने, जुन रोगहरू मैले मिश्रीहरूमाथि ल्याएको थिएँ, तीमध्ये एउटै पनि तिमीहरूमाथि ल्याउनेछैनँ, किनकि तिमीहरूलाई निको पार्ने म परमपभु हुँ

(पस्थान १५:२६) ।

किन मानिसहरू बिमार पर्दछन्?

चङ्गाइकर्ता परमेश्वर उहाँका सबै छोराछोरीहरूले स्वस्थ जीवन जिएको चाहनुहुने भएतापनि, थुप्रै मानिसहरू रोगबिमारको समस्या समाधान नहुँदा त्यसबाटको पीडामा जिइरहेका छन्। हरेक कुराको पछाडि केही न केही कारण भए जस्तै रोगबिमार आउनुपछाडि पनि कारण रहेको हुन्छ। कारण पत्ता लागेको खण्डमा जस्तो सुकै रोगहरू पनि तुरुन्तै निको हुन सक्ने भएकोले गर्दा, चङ्गाइ प्राप्त गर्न चाहनुहुने हरेकले पहिले रोग लाग्नुको कारण पत्ता लगाउनु पर्दछ। प्रस्थान १५:२६ मा परमेश्वरको वचनले भनेझैँ, हामीले रोगका कारणहरू र त्यस रोगबाट चङ्गाइ पाई स्वस्थ जीवन जिउने तरिकाहरू पत्ता लगाउनु पर्दछ।

"परमप्रभु" परमेश्वरको नाउँ हो र यस नाउँले "म हुँ जो म हुँ" लाई जनाउँदछ (प्रस्थान ३:१४)। साथै यस नाउँले सृष्टिका सबै थोकहरू अति आदरणीय परमेश्वरको अख्तियारको अधीनमा छ भन्ने कुरालाई पनि जनाउँदछ। परमेश्वरले स्वयम्‌लाई "तिमीहरूलाई निको पार्ने म परमप्रभु हुँ" (प्रस्थान १५:२६) भन्नुभएको कुराबाट हामी, हामीलाई रोगबिमारको पीडाबाट स्वतन्त्र तुल्याउनुहुने परमेश्वरको प्रेम र हामीलाई चङ्गाइ दिनुहुने परमेश्वरको शक्ति बारे जान्न सक्छौँ।

प्रस्थान १५:२६ मा, परमेश्वरले हामीसित प्रतिज्ञा गर्नुभएको छ, "तिमीहरूले परमप्रभु आफ्ना परमेश्वरका कुरा ध्यानसित सुन्यौ, उहाँको दृष्टिमा जे ठीक छ सो गर्‍यौ, र उहाँका आज्ञाहरूमा ध्यान लगायौ, र उहाँका सबै विधिहरू मान्यौ भने, जुन रोगहरू मैले मिश्रीहरूमाथि ल्याएको थिएँ, तीमध्ये एउटै

पनि तिमीहरूमाथि ल्याउनेछैनँ, किनकि तिमीहरूलाई निको पार्ने म परमपभु हुँ।" तसर्थ यदि तपाईं रोगबिमारबाट ग्रस्त हुनुहुन्छ भने, यसले तपाईंले उहाँका कुराहरू ध्यानसित नसुनेको, उहाँको दृष्टिमा ठीक नरहेका कुराहरू गर्नुभएको र उहाँका आज्ञाहरूमा ध्यान नदिएको कुरालाई संकेत गर्दछ।

परमेश्वरका छोराछोरीहरू स्वर्गका नागरिकहरू हुनुभएकोले गर्दा, उहाँहरूले स्वर्गको नियमलाई पालना गर्नुपर्दछ। तर यदि स्वर्गका नागरिकहरूले स्वर्गका नियमहरू पालना गर्नुहुन्न भने, व्यवस्थाहीनता पाप भएकोले गर्दा परमेश्वरले उहाँहरूलाई सुरक्षा दिन सक्नुहुन्न (१ यूहन्ना ३:४)। तब, परमेश्वरका ती अनाज्ञाकारी छोराछोरीहरू भित्र रोगबिमारका शक्तिहरू प्रवेश गर्नेछन् र उहाँहरूमाथि रोगबिमार ल्याउनेछन्।

हामी कसरी बिरामी पर्दछौं, रोगबिमारका कारणहरू के-के हुन् र चङ्गाइकर्ता परमेश्वरको शक्तिद्वारा हामी कसरी ती रोगबिमारको पीडाबाट छुटकारा पाउन सक्छौं भन्ने सम्बन्धमा अब हामी विस्तृत रूपमा अध्ययन गरौं।

आफ्नै पापको कारण रोगबिमार आइपरेको उदाहरण

बाइबलभरि परमेश्वरले हामीलाई पापको कारण नै रोगबिमारहरू आइपर्दछन् भन्ने कुरा बारम्बार बताउनुभएको छ। यूहन्ना ५:१४ ले भन्दछ, "त्यसपछि येशूले त्यसलाई (रोगबाट निको भएको व्यक्तिलाई) मन्दिरमा भेट्टाएर भन्नुभयो, 'हेर, तिमी निको भएका छौ। फेरि पाप नगर, र तिमीमाथि अझ बढी खराबी आई नपरोस्।'" यस पदले हामीलाई पापको कारण नै मानिसहरूमाथि रोगबिमारहरू आइपर्दछन् र मानिसले पाप गरेको खण्डमा उसमाथि पहिलेको भन्दा अझ गम्भीर रोगबिमारहरू आइपर्दछन् भन्ने कुरा स्मरण गराउँदछ।

व्यवस्था ७:१२-१५ मा परमेश्वरले हामीसित यस्तो पतिज्ञा गर्न ुभएको छ, "तिमीहरूले यी विधिविधानहरू स ुनेर पालन गऱ्यौ भने परमपभ ु तिमीहरूका परमेश्वरले तिमीहरूसँगको पेमको करार प ूरा गर्न ुह ुनेछ, जस्तो उहाँले तिमीहरूका पिता-प ुर्खासँग पतिज्ञा गर्न ुभयो । उहाँले तिमीहरूलाई पेम गर्न ुह ुनेछ, र तिमीहरूलाई आशिष ् दिएर तिमीहरूलाई व ृद्धि गर्न ुह ुनेछ । उहाँले तिमीहरूलाई दिन्छ ु भनेर तिमीहरूका पिता-प ुर्खासित पतिज्ञा गर्न ुभएको देशमा तिमीहरूका शरीरको फल, भ ूमिको फल-अन्न, नयाँ दाखमद्य, तेल- गाईबस्त ुका बाछा-बाछीमा र भेडाबाखाका पाठाहरूमाथि पनि उहाँले आशिष ् दिन ुह ुनेछ । तिमीहरू अरू मानिसहरूभन्दा ज्यादै आशीर्वादी ह ुनेछौ । तिमीहरूका प ुरुष वा स्त्रीहरूमध्ये कोही पनि निस्सन्तान ह ुनेछैन न त पश ुहरूमध्ये क ुनै पनि बैला ह ुनेछ । अनि परमपभ ुले तिमीहरूलाई सबै रोग-बिमारीबाट स्वतन्त्र राख्न ुह ुनेछ । तिमीहरूले मिश्रमा देखेका भयानक र ोगहरू उहाँले तिमीहरूमाथि ल्याउन ुह ुनेछैन, तर तिमीहरूसँग वैरभाव राख्ने हरूमाथि ती ल्याउन ुह ुनेछ ।" घ ृणा गन ुर् भनेको पाप र द ुष्टता हो र यस्ता मानिसहरूमाथि रोगबिमारहरू आइपर्दछन ् ।

व्यवस्था २८ अध्यायलाई सामान्यतया, "आशिष ्को अध्याय" को रूपमा लिने गरिन्छ, परमेश्वरका आदेशहरू पालना गरी होशियारीप ूर्वक उहाँका वचनहरू पालना गरेको खण्डमा के-कस्ता आशिष ्हरू हामीमाथि आइपर्नेछन ् भन्ने क ुर ा यस अध्यायमा परमेश्वरले बिस्तारप ूर्वक व्याख्या गर्न ुभएको छ । यसका साथै उहाँका आदेश र आज्ञाहरू पालना नगरेको खण्डमा हामीमाथि कस्ता खाले सर ापहरू आइपर्नेछन ् सो क ुरा पनि उहाँले यस अध्यायमा व्याख्या गर्न ुभएको छ । विशेषगरी त्यहाँ हामीले परमेश्वरका आज्ञाहरू अवहेलना गरेको खण्डमा हामीमाथि अइपर्ने विभिन्न पकारका रोगबिमारहरूको नाउँहरू व्याख्या गरिएका

छन्। तीचाहिँ, महामारी; क्षयरोग; जरो; सूज; प्रचण्ड ताप; खडेरी; वृक्षहरू ओइलाउने र ढुसी पर्ने; "मिश्रका पिला; गिर्खा; छालामा जलजलाउँदा फोकाहरू; निको नहुने चिलाउने समस्या"; बौलाहापना; अन्धोपन; हृदयको खलबली; घुँडा र खुट्टा, टाउकोको टुप्पादेखि पैतालासम्म फैलिने, निको नहुने दुखाउने र पीडित तुल्याउने पिलाहरू हुन् (व्यवस्था २८:२१-३५)।

पापको कारण नै रोगबिमारहरू आइपर्ने भएकोले गर्दा, यदि तपाईं रोगबिमार बाट ग्रस्त हुनुहुन्छ भने, सर्वप्रथम तपाईंले परमेश्वरको वचनअनुसार नजिएको कुराको निम्ति पश्चात्ताप गर्नुपर्दछ र क्षमा प्राप्त गर्नु पर्दछ। परमेश्वरको वचनअनुसार जीवन जिएर एकपटक चङ्गाइ प्राप्त गरेपछि, तपाईंले फेरि पाप गर्नुहुँदैन।

पाप गरेको जस्तो नलागेतापनि रोगबिमार आइपरेको उदाहरण

केही मानिसहरू तिनीहरूले पाप नगरेतापनि तिनीहरूमाथि रोगबिमारहरू आइपऱ्यो भनी भन्ने गर्दछन्। यद्यपि, यदि हामी परमेश्वरको दृष्टिमा ठीक कुराहरू गर्दछौं, उहाँका आज्ञाहरूमा ध्यान दिँदछौं र उहाँका सबै वचनहरू पालना गर्दछौं भने परमेश्वरले हामीहरूमाथि रोगबिमारहरू ल्याउनुहुने छैन भनी परमेश्वरको वचनले हामीलाई भन्दछ। यदि हामीमाथि रोगबिमारहरू आइपरेका छन् भने, हामीले उहाँको दृष्टिमा जे ठीक छ सो गरेका छैनौं र उहाँका आदेशहरू पालना गरेका छैनौं भन्ने कुरा बुझ्नुपर्दछ।

त्यसोभए, रोगबिमारहरू निम्त्याउने पापहरू के-के हुन् त?

यदि कुनै व्यक्तिले परमेश्वरका आज्ञाहरू उल्लङ्घन गर्छ, गल्तीहरू गर्छ, संयम

विना वा अनैतिक तवरले जीवन जिउँछ वा अव्यवस्थित जीवन जिउँदछ भने ऊ रोगबिमारको जोखिममा हुँदछ । अत्याधिक मात्रामा वा अनियमित तवरले खाने बानी भएकाहरूमा देखा पर्ने पाचनसम्बन्धी समस्याहरू, धूमपान र मद्यपानको कारण कलेजोमा आउने समस्या र शारीरिक धपेडीका कारण आइपर्ने विभिन्न समस्याहरू यस क्षेणीमा पर्दछन् ।

यी कार्यहरूलाई मानिसहरूले पाप नठानेतापनि परमेश्वरको दृष्टिमा भने, यो एक पाप हो । अत्याधिक मात्रामा खानेकुरा सेवन गर्नु पाप हो, किनभने यसले लोभ र आत्मसंयमको अभावलाई औंल्याउँदछ । यदि कुनै व्यक्ति अनियमित तवरले भोजन गर्ने बानीको कारण बिरामी परेको छ भने, व्यवस्थित जीवनशैली नअप्नाई वा भोजनको समय पालना नगरी संयमको अभावमा शारीरिक धपेडी गर्नु नै उसको पाप हो । यदि कुनै व्यक्ति रामरी तयार नभएको भोजन खाई बिरामी पऱ्यो भने, धैर्य गर्न नसक्नु नै उसको पाप हो ।

असावधानी पूर्वक चक्कु चलाउँदा घाउ भएर पिप जम्यो भने, त्यो पनि पापको कारण नै भएको हो । यदि त्यस व्यक्तिले साँच्चै परमेश्वरलाई प्रेम गरेको भए, उहाँले त्यस व्यक्तिलाई हरसमय दुर्घटनाहरूमा पर्नबाट जोगाउनु हुने थियो । उसले गल्ती गरिहालेतापनि, परमेश्वरले त्यसको समाधान दिनुहुने थियो, उहाँलाई प्रेम गर्नेहरूको उहाँ भलो गर्नु हुने भएकोले गर्दा उसको शरीरमा चोटको दाग लाग्न दिनु हुने थिएन । असंयमित भई हतार हतार काम गरेको कारण नै घाउ तथा चोटपटक लागेको र यी दुवै कुरा परमेश्वरको दृष्टिमा सही नभएकोले गर्दा उसका कार्यहरूमा पाप लुकेको थियो ।

यही कुरा धूमपान र मद्यपानमा समेत लागू हुन्छ । धूमपानले स्मरण

शक्तिमा ह्रास ल्याउँछ, श्वासनलीमा क्षति पुऱ्याउँछ, क्यान्सर रोग निम्त्याउँछ र मद्यपानले पाचनशक्ति क्षीण बनाउँछ, शरीरका अगंहरूमा हानि पुऱ्याउँछ भनी जान्दा जान्दै पनि यदि कसैले त्यसलाई त्याग्न सकिरहेको छैन भने, यी पनि पापमय कार्यहरू हुन् । यसले उसले लोभलाई नियन्त्रण गर्न र स्वयम्लाई अनुशासनमा राख्न नसकेको, आफ्नो शरीरको त्यति वास्ता नगरेको र परमेश्वर को इच्छा पछ्याउनबाट चुकेको कुरालाई दर्शाउँदछ । तसर्थ यो पाप होइन भनी कसरी भन्न सक्छौं र ?

विगतमा पापको कारण नै रोगबिमारहरू आइपर्दछन् भन्ने कुराप्रति हामी निश्चित नभएतापनि, विभिन्न घटनाहरूको बारेमा अध्ययन गरेपछि र परमेश्वर को वचनद्वारा जाँचेर हेरेपछि, अब पापको कारण नै ती आउँछन् भन्ने कुर ामा हामी निश्चित हुन सकेका छौं । रोगबिमारहरूबाट मुक्त जीवन जिउनको लागि हामीले उहाँका आज्ञाहरू पालना गर्नु पर्दछ र उहाँका वचन अनुसार जिउनु पर्दछ । अर्को शब्दमा, यदि हामी उहाँको दृष्टिमा सही रहेका कार्यहरू गर्दछौं, उहाँका आज्ञाहरूप्रति ध्यान दिँदछौं र उहाँका सबै आदेशहरू पालना गर्दछौं भने उहाँले हर समय हामीलाई सुरक्षा दिनु हुनेछ ।

न्यूरोसिस (स्नायु सम्बन्धी समस्या) तथा अन्य मानसिक समस्याहरू

न्यूरोसिस तथा अन्य मानसिक समस्याहरूबाट ग्रस्त मानिसहरूको संख्या दिनप्रतिदिन बृद्धि हुँदै गइरहेको कुरा तथ्याङ्कले देखाउँदछ । परमेश्वरले आज्ञा दिनु भए अनुसार यदि मानिसहरूले धैर्य गर्ने, अरूलाई क्षमा दिने, सत्यतामा रहेर अरूलाई प्रेम गर्ने र एक अर्कालाई बुझ्ने हो भने, तिनीहरू यी रोगबिमारहरूदेखि सजिलै मुक्त हुन सक्छन् । तर तिनीहरूको हृदयमा दुष्टताहरू भएकोले

गर्दा त्यसले तिनीहरूलाई वचन अन ुसार जिउनबाट बाधा दिँदछ । मानसिक वे दनाले शरीरका अन्य भागहरूका साथै रोगसित लड्ने शरीरको पतिरोधात्मक पणालीमा समेत नकारात्मक असर पार्दछ र रोग निम्त्याउँदछ । यदि हामी परमे श्वरको वचन अन ुसार जिउँदछौं भने हाम्रा भावनाहरू उत्तेजित ह ुनेछैनन्, हामी क्रोधित बन्नेछैनौं र हाम्रो मन उक्सिनेछैन ।

हाम्रो वरिपरिका कतिपय मानिसहरू बाहिरबाट हेर्दा असल जस्तो दे खिएतापनि तिनीहरू यस पकारका रोगहरूबाट ग्रस्त भएका ह ुन्छन् । तिनीहरूले आफ्ना भावनाहरू अभिव्यक्त नगर्ने भएकोले, रोष र क्रोध व्यक्त गर्ने मानिसहरू भन्दा तिनीहरू अझ गम्भीर रोगहरूबाट ग्रस्त हँ ुदछन् । सत्यता अन ुरूपको भलाइ भनेको भावनाहरूबीचको द्वन्द्वको कारण कष्ठित बन्न ु नभई ; योचाहिँ क्षमा र पेमका साथ एक अर्कालाई ब ुझ्न ु र आत्मसंयम तथा सहनशीलताका साथ आनन्दित बन्न ु हो ।

थपअझ, जब मानिसहरू जानीजानी पाप गर्दछन्, तब तिनीहरू मानसिक पीडा र विक्षिप्तताको कारण मानसिक रोगहरूबाट ग्रसित बन्दछन् । भलाइका कार्यहरूलाई आत्मसात नगरेकोले गर्दा तिनीहरू झन्झन् द ुष्टताको दलदलमा पर्दछन् र तिनीहरूको मानसिक पीडा रोगमा परिणत हँ ुदछ । हामी आफ्नो म ूर्खता र द ुष्टताका कारण आफैमाथि न्य ूरोसिस तथा अन्य मानसिक समस्याहरू निम्त्याउँदछौं । यस्तो अवस्थामा समेत पेमको परमेश्वरले उहाँको खो जी गर्ने र उहाँबाट चङ्गाइ पाउन इच्छा गर्नेहरूलाई निको पार्न ुह ुनेछ । थपअझ, उहाँले तिनीहरूलाई स्वर्गको आशा दिन ुह ुनेछ र साँचो शान्ति तथा आनन्दमा रहन दिन ुह ुनेछ ।

शत्रु दियाबलसले ल्याउने रोगबिमारहरू पनि पापको कारणले गर्दा नै आउँदछ।

केही मानिसहरू शैतानको कैदमा परि शत्रु दियाबलसले ल्याउने रोगबिमार हरूबाट ग्रस्त बन्दछन्। योचाहिँ तिनीहरूले परमेश्वरको इच्छालाई त्यागी सत्यतादेखि टाढिएको कारणले गर्दा हो। परमेश्वर मूर्तिपूजालाई अत्यन्तै घृणा गर्नुहुने भएकोले गर्दा, एकदमै मूर्तिपूजा हुने परिवारका सदस्यहरू भूतात्माद्वारा सताइने, शारीरिक रूपमा असक्षम हुने र बिरामी पर्ने गर्दछन्।

प्रस्थान २०:५-६ मा हामी यस्तो लेखिएको पाउँदछौं, "तिनीहरूका सामु ननिहुरनू, तिनीहरूको पूजा नगर्नू, किनकि म परमप्रभु तिमीहरूका परमेश्वर डाह गर्ने परमेश्वर हुँ। मेरो अवहेलना गर्ने पिता-पुर्खाका अधर्मको दण्ड उनीहरूका सन्तानहरूलाई उनीहरूका तेस्रो र चौथो पुस्तासम्म दिनेछु, तर मलाई प्रेम गर्ने र मेरा आज्ञाहरू पालन गर्नेहरूका हजारौं पुस्तामाथि म कृपा गर्नेछु।" मूर्तिपूजा नगर्नू भनी उहाँले हामीलाई विशेष आज्ञा दिनुभएको छ। उहाँले हामीलाई दिनुभएका दश आज्ञाहरू मध्येका "मबाहेक अरू कुनै देवता-देवीहरू नमान्नू। आफ्ना निम्ति खोपेर कुनै किसिमको मूर्ति नबनाउनू, माथि आकाश अथवा तल पृथ्वी वा तल पानीमा भएको कुनै कुराको आकारको प्रतिमूर्ति नबनाउनू" भन्ने शुरुका दुइ आज्ञाहरूलाई हेर्दा, परमेश्वर मूर्तिपूजालाई कति घृणा गर्नुहुन्छ भन्ने कुरा हामी सजिलैसित बुझ्न सक्छौं।

यदि आमाबाबुहरूले परमेश्वरको इच्छालाई अवहेलना गरी मूर्तिहरू पुज्दछन् भने, स्वभाविक रूपमा छोराछोरीहरूले पनि आमाबाबुकै पाइला

पछ्याउने छन् । आमाबाबुहरूले परमेश्वरको वचन पालना नगरी दुष्ट कार्यहरू गर्छन् भने, स्वाभाविक रूपमा छोराछोरीहरूले पनि आमाबाबुकै पाइला पछ्याउने छन् र दुष्टतालाई अंगाल्ने छन् । जब अनाज्ञाकारिताको पाप तिनीहरूको तेस्रो र चौथो पुस्ताहरूसम्म पुग्छ, तब पापको ज्यालाको रूपमा, तिनीहरूका सन्तानहरू शत्रु दियाबलसले ल्याउने रोगबिमारहरूबाट कष्ठित बन्ने छन् ।

आमाबाबुले मूर्तिपूजा गरेतापनि, यदि छोराछोरीहरूले भलाइको हृदयद्वारा परमेश्वरको आराधना गर्दछन् भने, उहाँले तिनीहरूलाई प्रेम र करुणा देखाउनुभई तिनीहरूलाई आशिष् दिनुहुनेछ । यदि कोही परमेश्वरको इच्छा अवहेलना गरेर सत्यताबाट बरालिएर गएको कारण शत्रु दियाबलसले ल्याउने रोगबिमारबाट ग्रसित छ भने पनि, त्यस व्यक्तिले पश्चात्ताप गरी पापहरूदेखि फर्केको खण्डमा चङ्गाइको परमेश्वरले उसलाई शुद्ध तुल्याउनुहुनेछ । कसैलाई उहाँ तुरुन्तै निको पार्नुहुन्छ ; कोहीलाई भने उहाँ केही समय पश्चात् निको पार्नुहुन्छ ; र कोहीलाई भने तिनीहरूको विश्वास वृद्धि भए अनुसार बिस्तारै निको पार्दै लैजानुहुन्छ । परमेश्वरको इच्छाअनुसार नै चङ्गाइका कार्यहरू हुने गर्दछन् : यदि कसैको हृदय उहाँको दृष्टिमा अपरिवर्तनीय ठहरियो भने तिनीहरू तत्कालै निको हुनेछन् ; तर, यदि तिनीहरूको हृदय छली छ भने, निको हुन समय लाग्नेछ ।

विश्वासअनुसार जिएको खण्डमा हामी रोगबिमारबाट मुक्त हुन सक्छौं

मोशा पृथ्वीभरिमा सबैभन्दा विनम्र व्यक्ति हुनुहुन्थ्यो (गन्ती १२:३) र परमेश्वरको सम्पूर्ण घरानामा विश्वासयोग्य हुनुभएकोले गर्दा उहाँले परमे

श्वरको विश्वासयोग्य सेवकको रूपमा मान्यता पाउनुभएको थियो (गन्ती १२:७)। १२० वर्षको उमेरमा मोशाको मृत्यु हुँदा न त उहाँका आँखाहरू कमजोर भएका थिए, न उहाँका बल नै घटेका थिए भनी बाइबलले हामीलाई बताउँदछ (व्यवस्था ३४:७)। परमेश्वरलाई आदर गर्नुहुने र विश्वासका साथ परमेश्वरका आज्ञाहरू पालना गर्नुहुने अब्राहाम, १७५ वर्षसम्म जिउनुभएको थियो (उत्पत्ति २५:७)। सागपात मात्र खानुभएतापनि दानिएल स्वस्थ हुनुहुन्थ्यो (दानिएल १:१२-१६), र सलह र वन मह मात्र खानुभएतापनि बप्तिस्मा दिनुहुने यूहन्ना बलियो हुनुहुन्थ्यो (मत्ती ३:४)।

मासु नखाई मानिस कसरी स्वस्थ रहन सक्छ र ! भन्ने जिज्ञासा थुप्रै मानिसहरूमा हुन सक्छ। यद्यपि, परमेश्वरले शुरुमा मानिसलाई सृष्टि गर्नुहुँदा, उहाँले मानिसलाई केवल फल खाने आज्ञा दिनुभएको थियो। उत्पत्ति २:१६-१७ मा परमेश्वरले मानिसलाई यस्तो आज्ञा दिनुभएको थियो, "बगैँचाका सबै रूखका फल तैंले सङ्कोच नमानी खाए हुन्छ, तर असल र खराबको ज्ञान दिने रूखको फलचाहिँ नखानू, किनभने जुन दिन तैंले त्यो खान्छस् तँ निश्चय नै मर्नेछस्।" आदमको अनाज्ञाकारिता पश्चात्, परमेश्वरले आदमलाई भूमिका सागपातहरू खान दिनुभएको थियो (उत्पत्ति ३:१८) र संसारमा पापहरू बढ्दै गएर जलप्रलयद्वारा संसारको न्याय गर्नुभएपछि, उत्पत्ति ९:३ मा परमेश्वरले नोआलाई यसो भन्नुभयो, "जीवित-जीवात सबै तिमीहरूका निम्ति आहारा हुनेछन्। मैले हरिया वनस्पति तिमीहरूलाई दिएझैँ सबै थोक म तिमीहरूलाई दिन्छु।" मानिसहरू दुष्ट बन्दै जाँदा, परमेश्वरले तिनीहरूलाई मासु खाने अनुमति दिनुभयो, तर तिनीहरूले केवल शुद्ध ठहराइएका पशुपक्षीहरूका मासु मात्र खान सक्थे (लेवी ११ ; व्यवस्था १४)।

नयाँ करारको समयमा, परमेश्वरको वचनले हामीलाई यस्तो आज्ञा दिएको छ, "तपाईंहरू मूर्तिहरूलाई बलि चढाएको थोक, रगत, गला अँठ्याएर मारेको पशुको मासु र व्यभिचारबाट अलग्ग रहनुहोस्। यी कुराहरूबाट अलग्ग रहनुभयो भने असल हुनेछ। बिदा।" (प्रेरित १५:२९)। उहाँले हामीलाई स्वस्थकर भोजनहरू खाने अनुमति दिनुभएको छ र अस्वस्थकर भोजनहरूबाट अलग रहन सुझाव दिनुभएको छ; परमेश्वरलाई मन नपर्ने भोजनहरू नखानु र नपिउनु नै हाम्रो निम्ति हितकर हुँदछ। हामी जतिमात्रामा परमेश्वरको इच्छा पछ्याइ विश्वासमा जिउँदछौं, त्यति नै मात्रामा हाम्रो शरीर बलियो हुनेछ, हामी तन्दुरुस्त हुनेछौं र हामी माथि रोगबिमारहरू आइपर्ने छैनन्।

थपअझ, २ हजार वर्ष अघि येशू यस पृथ्वीमा आउनुभई हाम्रा सबै भारहरू उठाई लानुभएकोले गर्दा, विश्वासका साथ धार्मिकतामा जिएको खण्डमा हामीमाथि रोगबिमारहरू आइपर्ने छैनन्। येशूले उहाँको रगत बगाउनुभई हामीलाई हाम्रा पापहरूदेखि छुटकारा दिनुभएको छ र उहाँका कोर्राका चोटहरूद्वारा हामी निको भएका छौं (मत्ती ८:१७) भन्ने कुरामा जब हामी विश्वास गर्दछौं, तब हाम्रो विश्वास अनुसार नै काम हुनेछ (यशैया ५३:५-६; १ पत्रुस २:२४)।

परमेश्वरलाई भेट्नु अघि, हामीमा विश्वास थिएन। पापमय अभिलाषालाई पछ्याउँदै हामी जिएका थियौं र नतिजा स्वरूप हामी विभिन्न रोगबिमारहरूबाट ग्रसित भयौं। जब हामी विश्वासमा जिउँछौं र धार्मिकतालाई पछ्याउँछौं, तब हामीले सुस्वास्थको आशिष् पाउने छौं।

मन स्वस्थ भएको खण्डमा शरीर पनि स्वस्थ हुनेछ। धार्मिकतालाई

पछुताउँदै जब हामी परमेश्वरको वचनअनुसार जिउँदछौं, तब हामी पवित्र आत्माले भरिने छौं । रोगबिमारहरू हामीबाट हटेर जानेछन् र हामी स्वस्थ र हुँदा हामीमा कुनै पनि रोगबिमार आइपर्ने छैन । हाम्रा शरीरहरू शान्तिमा हुनेछन्, हामीलाई हलुको, आनन्दित र स्वस्थ महसुस हुनेछ, हामीलाई केही कुराको खाँचो हुनेछैन तर स्वस्थ भएकोमा हामी केवल परमेश्वरलाई धन्यबाद दिनेछौं ।

तपाईंहरू धार्मिकता र विश्वासमा जिउनुभएको होस् र तपाईंको आत्माको उन्नति हुँदै जाँदा, सबै प्रकारका रोगबिमार तथा कमजोरीहरूबाट निको हुनुभई सुस्वास्थ्य प्राप्त गर्नुभएको होस्! साथै उहाँका वचन पालना गर्दै जिउनु भएर परमेश्वरको प्रचुर प्रेम प्राप्त गर्नुभएको होस् भनी म हाम्रो प्रभुको नाउँमा प्रार्थना गर्दछु!

अध्याय ४

उहाँका कोर्राका चोटहरूद्वारा हामी निको भएका छौं

निश्चय नै उसले हाम्रा निर्बलताहरू बोक्यो, र हाम्रा दु:ख भोग्यो, तापनि हामीले उसलाई परमेश्वरबाट हिर्काइएको, उहाँबाट पिटिएको र दु:खमा परेको सम्झ्यौं । तर ऊ त हाम्रा अपराधहरूका निम्ति छेडियो । हाम्रा अधर्मका निम्ति ऊ पेलियो । हामीमा शान्ति ल्याउने दण्ड उसमाथि पर्‍यो, र उसको कोर्राको चोटले हामी निको भयौं

(यशैया ५३:४-५) ।

परमेश्वरको पुत्र येशूले सबै रोगहरू निको पार्नुभयो

स्वेच्छानुसार जीवन जिउँदा मानिसहरूले थुप्रै समस्याहरूको सामना गर्नुपर्दछ । जसरी समुद्र सधैँभरि शान्त रहिरहँदैन, त्यसरी नै जीवन रूपी समुद्रमा पनि घर, कामकाज, व्यापार-व्यवसाय, रोगबिमार, धनसम्पत्ति र यस्तै अन्य कुराहरू सम्बन्धी थुप्रै समस्याहरू रहेका हुन्छन् । जीवनमा आइपर्ने यी समस्याहरूमध्ये सबै भन्दा गम्भीर समस्याचाहिँ रोगबिमार हो भन्दा अतिशयोक्ति नहोला ।

जतिसुकै धनसम्पत्ति तथा ज्ञानबुद्धि भएतापनि, यदि कुनै व्यक्तिलाई गम्भीर रोग लाग्छ भने उसले जीवनभरि हासिल गरेका सबैथोकहरू र उसका सबै परिश्रमहरू पानीको फोका जस्तै व्यर्थ हुनेछन् । अर्कोतिर, भौतिक सभ्यताको विकास सँगै धनसम्पत्ति वृद्धि हुँदै जाँदा, स्वास्थप्रति मानिसको चाहना पनि वृद्धि हुँदै गइरहेको हामी पाउँदछौं । विज्ञान र चिकित्सा शास्त्रले जति सुकै तरक्की हासिल गरेतापनि नयाँ तथा दुर्लभ रोगबिमारहरू- जसका अघि मानव ज्ञानबुद्धि व्यर्थ छन्- आइपरि रहेका छन् र त्यसबाट पीडितहरूका संख्या निरन्तर वृद्धि हुँदै गइरहेको छ । त्यही भएर आज मानिसहरू सुस्वास्थलाई बढी जोड दिइरहेका छन् ।

पापको कारण आइपर्ने कष्ट, रोगबिमार र मृत्युले मानिसको सीमालाई चित्रण गर्दछ । जसरी चङ्गाइकर्ता परमेश्वरले पुरानो करारको समयमा गर्नुभएको थियो त्यसरी नै, येशू ख्रीष्टमा विश्वास गरी परमेश्वरमा भरोसा गर्दा आज पनि रोगबिमारहरू निको हुनेछन् भनी उहाँ हामीलाई भन्दै हुनुहुन्छ । येशू ख्रीष्टप्रतिको हाम्रो विश्वासद्वारा हामी कसरी रोगबिमारहरूबाट छुटकारा पाई स्वस्थ जीवन जिउन सक्छौं भन्ने सम्बन्धमा हामी बाइबलमा हेरौं ।

येशूले चेलाहरूसित "तिमीहरू के भन्छौ, म को हुँ ?" भनी प्रश्न गर्नुहुँदा, सिमोन पत्रुसले "तपाईं ख्रीष्ट हुनुहुन्छ, जीवित परमेश्वरको पुत्र" भनी जवाफ दिनुभएको थियो (मत्ती १६:१५-१६) । यो स्वीकारोक्ति सुन्दा सामान्य जस्तो लागेतापनि, येशू नै ख्रीष्ट हुनुहुन्छ भन्ने तथ्यलाई यसले स्पष्ट रूपमा प्रकट गरेको छ ।

येशूले रोगीबिरामीहरूलाई तुरुन्तै निको पार्नुहुने भएकोले गर्दा ठूलो भीडले उहाँलाई पछ्याउने गर्दथ्यो । उहाँलाई त्यसरी पछ्याउनेहरूमा विशषेगरी भूतात्मा लागेकाहरू, पक्षाघातीहरू, कुष्ठरोगीहरू र अन्य रोगबिमारहरूबाट सताइएकाहरू हुने गर्दथे । जब कुष्ठरोगीहरू, ज्वरो आएकाहरू, लुला-लङ्गडाहरू, अन्धाहरू र अन्य रोगबिमार लागेकाहरू येशूको छुवाइद्वारा निको हुन्थे, तब तिनीहरू उहाँलाई पछ्याउँदथे र उहाँको सेवा गर्दथे । त्यो दृश्य कति शान्दार थियो होला ? त्यस्ता चिन्ह तथा आश्चर्यकर्महरू देखेपछि मानिसहरूले येशूलाई विश्वास गरे, जीवनका समस्याहरूबाट समाधान पाए र रोगीबिरामीहरूले चङ्गाइका कार्यहरू अनुभव गरे । थपअझ, जसरी येशूको समयमा रोगीबिरामीहरू निको हुन्थे, त्यसरी नै आजपनि येशूको सामु आउने हरेकले चङ्गाइ प्राप्त गर्न सक्छन् ।

मैले चर्च स्थापना गरेको केही समयपछि एक जना अपाहिज व्यक्ति शुक्रबारको आराधना सेवामा सहभागी हुनुभएको थियो । सवारी दुर्घटनामा पर्नुभएपछि, उहाँले लामो समयसम्म अस्पतालमा उपचार गराउनुभएको थियो । यद्यपि उहाँका घुँडाहरूमा रहेका पेशी/टेण्डन (मांशपेशीहरूलाई हड्डीसित जोड्ने तंतु) तन्किएकोले गर्दा घुँडाहरू खुम्च्याउँन र पिँडचौला चलाउन नसक्ने भएकोले उहाँ हिँड्न सक्नुहुन्नथ्यो । वचन सुन्न थाल्नुभएपछि, उहाँले येशू ख्रीष्टलाई ग्रहण गर्ने इच्छा गर्नुभयो र निको हुनुभयो । जब मैले हार्दिकतापूर्वक उहाँको निम्ति प्रार्थना गरिदिएँ, तब उहाँ तुरुन्तै खडा

हुनुभयो अनि हिँड्न र दौडन थाल्नुभयो । पेरित पत्रुसको पार्थनाद्वारा सुन्दर नामक ढोकामा रहेको लङ्गडा तुरुन्तै खडा भई हिँड्डुल गरे जस्तै (पेरित ३:१-१०), परमेश्वरको उदेकको कार्य पकट भएको थियो ।

यसले येशू खीष्टमा विश्वास गरी उहाँको नाउँमा पापक्षमा पाएकाहरूले जस्तो सुकै रोगबिमारहरू (चिकित्सा विज्ञानले समेत निको पार्न नसकेका रोगबिमारहरू) बाट पूर्णरूपमा चङ्गाइ पाप्त गर्नेछन् र तिनीहरूको शरीर फेरि नयाँ हुनेछ भन्ने कुराको पमाण दिँदछ । परमेश्वर जो हिजो, आज, सदासर्वदा एकसमान हुनुहुन्छ (हिब्रू १३:८), उहाँ उहाँका वचनहरूमा विश्वास गर्ने र विश्वासको नाप अनुसार उहाँसित माग्नेहरूमा काम गर्नुका साथै विभिन्न पकारका रोगबिमारहरू निको पार्नुहुन्छ, अन्धाका आँखाहरू खोलिदिनुहुन्छ र अपाहिजहरूलाई उठेर हिँड्न सक्ने तुल्याउनुहुन्छ ।

येशू खीष्टलाई गहण गर्नुभई आफ्ना सबै पापहरूबाट क्षमा पाउनु भएर परमेश्वरका सन्तान बन्नु भएकाहरूले स्वतन्त्रतामा जीवन जिउनुपर्दछ ।

येशू खीष्टमा विश्वास गरेपछि किन हामी हरेकले स्वस्थ जीवन जिउन सक्छौं भन्ने बारेमा अब हामी विस्तृत रूपमा हेरौं ।

येशूलाई कोर्रा लगाइएको थियो र उहाँले रगत बगाउनु भएको थियो

क्रूसमा चढाइनुपूर्व रोमी सिपाहीहरूले पन्तियस पिलातसको आदेशमा येशूलाई कोर्रा लगाएका थिए र उहाँको शरीरबाट रगत बगेको थियो । त्यस समयका रोमी सिपाहीहरू हट्टाकट्टा, बलिया र एकदमै पशिक्षित थिए । त्यसमाथि तिनीहरू विश्वभरि आफ्नो समाज्य विस्तार गरिरहेको रोमी साम्राज्यका सेना थिए । त्यस्ता बलिया सिपाहीहरूले उहाँलाई निर्वस्त्र बनाइ कोर्रा लगाउँदा उहाँले भोग्नुभएको दर्दनाक पीडालाई बयान गर्ने पर्याप्त शब्द नै छैन । पत्येक

पल्ट कोर्रा लगाउँदा, कोर्राको डोरी उहाँको शरीरमा बेरिन्थ्यो र त्यसलाई तान्दा त्यसले उहाँको शरीरबाट मासुका चोक्टाहरू निकाल्दथ्यो र शरीरबाट रगत बग्दथ्यो ।

परमेश्वरको पुत्र येशू, जो पाप र दोष रहित हुनुहुन्थ्यो, उहाँले किन हामी पापीहरूको खातिर त्यसरी कोर्रा खानु र रगत बगाउनु पऱ्यो त ? यस घटनामा परमेश्वरको प्रबन्धको गहिरो तथा उदेकको आत्मिक रहस्य लुकेको छ ।

१ पत्रुस २:२४ ले हामी येशूका चोटहरूद्वारा निको भएका छौं भनी भन्दछ । यशैया ५३:५ ले उहाँका कोर्राका चोटहरूद्वारा हामी निको भएको कुरालाई जनाउँदछ । रोगबिमारको कष्टबाट छुटकारा दिन र परमेश्वरको वचन उल्लङ्घन गरेको पापबाट हामीलाई मुक्ति दिनको लागि करिब दुइ हजार वर्षअघि, परमेश्वरको पुत्र येशूले कोर्रा खानुभएको र रगत बगाउनुभएको थियो । कोर्राको चोट सहनुहुने र रगत बगाउनुहुने येशूमा जब हामी विश्वास गर्दछौं, तब हामी रोगबिमारहरूदेखि मुक्त हुनेछौं र चङ्गाइ प्राप्त गर्नेछौं । यो चाहिँ परमेश्वरको उदेकको प्रेम र बुद्धिको प्रतीक हो ।

यसकारण, यदि तपाईं रोगबिमारहरूबाट पीडित हुनुहुन्छ भने, परमेश्वरका छोराछोरीको रूपमा आफ्ना पापहरूको निम्ति पश्चात्ताप गर्नुहोस् र निको भएको छु भन्ने विश्वास गर्नुहोस् । "अब विश्वासचाहिँ आशा राखिएका कुराको निश्चय र नदेखिएका कुराको दृढ भरोसा हो" (हिब्रू ११:१) भने भनैं, शरीरको प्रभावित भागमा पीडा भइरहेतापनि, यदि तपाईं विश्वासका साथ, "म निको भइसकेको छु" भन्नुहुन्छ भने, निश्चय नै त्यो चाँडै निको हुनेछ ।

म प्राथमिक विद्यालयमा अध्ययनरत छँदाखेरी, मेरो करङ्गमा चोट लागेको थियो र त्यो दुखाइ बेलाबेलामा बल्भिँदाखेरी सासै फेर्न गाह्रो हुने गरी असह्य पीडा हुने गर्दथ्यो । येशू ख्रीष्टलाई ग्रहण गरेको एक दुइ वर्षपछि, भारी वस्तु उठाउने क्रममा त्यो पीडा फेरि बल्भियो र मैले चलहल गर्न सकिनँ । यद्यपि, मै

ले सर्वशक्तिमान् परमेश्वरको शक्तिलाई अनुभव गरेको र उहाँमा विश्वास गरेकोले गर्दा, यसो भन्दै मैले हार्दिकतापूर्वक पार्थना गरे, "पार्थना पछि जब म हिँड्नेछु, म विश्वास गर्दछु कि मेरो पीडा हटिसकेको हुनेछ र म हिँड्न सक्ने छु" । सर्वशक्तिमान् परमेश्वरमा विश्वास गरी पीडाको भावनालाई हटाई दिएपछि, म खडा भई हिँड्न सकेँ । त्यसबेला यस्तो लाग्यो कि पीडा त मेरो सोचाइमा मात्र रहिरहेको रहेछ ।

येशूले मर्कूस ११:२४ मा, हामीलाई "यसकारण म तिमीहरूलाई भन्दछु, तिमीहरूले पार्थनामा जेसुकै माग्छौ सो पाएका छौं भन्ने विश्वास राख, र त्यो तिमीहरूको हुनेछ" भनी भन्नुभएभैं, यदि हामीले हामी अघिबाटै निको भइसकेका छौं भनी विश्वास गर्दछौं भने, हाम्रो विश्वास अनुसार नै हामीले चङ्गाइ पाप्त गर्नेछौं । तर, केही पीडाको कारण यदि हामी निको भएका छैनौं भनी सोच्छौं भने, हामीले चङ्गाइ पाप्त गर्न सक्दैनौं । अर्को शब्दमा भन्नुपर्दा, हामीले हाम्रा सोचाइँहरूको संरचना तोडेको खण्डमा मात्र, हाम्रो विश्वास अनुसार नै सबै थोकहरू हुनेछन् ।

त्यसकारण पापमय शरीरतिर लागेको मन परमेश्वरपति शत्रुता हो (रोमी ८:७) भन्नुहुँदै परमेश्वर हामीलाई उहाँको आज्ञा पालन गर्नको लागि हरेक विचारलाई वशमा पार्न भन्दै हुनुहुन्छ (२ कोरिन्थी १०:५) । थपअभ्र, मत्ती ८:१७ मा हामी येशूले हाम्रा रोगबिमार तथा दुर्बलताहरू उठाइलानु भएको कुरा पाउँदछौं । यदि तपाईं 'म कमजोर छु' भनी सोच्नुहुन्छ भने तपाईं कमजोर नै रहिरहनुहुनेछ । तपाईंको जीवनमा जति सुकै कठिनाइ र थकान भएतापनि, यदि तपाईं "मसित परमेश्वरको शक्ति र अनुग्रह भएकोले र पवित्र आत्माले मलाई अगुवाइ गर्नुहुने भएकोले, म थकित छैन" भनी स्वीकारोक्ति दिनुहुन्छ भने, थकान हटेर गई तपाईं जोशिलो व्यक्तिमा परिणत हुनुहुनेछ ।

यदि हामी हाम्रा रोगबिमार तथा दुर्बलताहरू उठाइलानुहुने येशू ख्रीष्टमा

साँच्चै विश्वास गर्दछौं भने, रोगबिमारहरू हामीमाथि आइपर्ने छैनन्।

जब येशूले तिनीहरूको विश्वास देख्नुभयो

येशूको कोर्राका चोटहरूद्वारा हामी निको भएका छौं भन्ने कुरामा विश्वास गर्न सक्ने विश्वास हामीमा हुनु आवश्यक छ। येशू ख्रीष्टमा विश्वास नगरेका थुप्रै मानिसहरू रोगीबिमारी शरीर लिएर उहाँकहाँ आउने गर्दछन्। केही मानिसहरू येशू ख्रीष्टलाई ग्रहण गरेको केही समयमा नै निको भइहाल्छन् भने, केहीकोचाहिँ महिनौं दिनसम्मको प्रार्थना पछि पनि अवस्थामा कुनै सुधारै हुँदैन। यस्तो अवस्थामा ती मानिसहरूले आफू र आफ्नो विश्वासलाई जाँचेर हेर्नुपर्दछ।

मर्कूस २:१-१२ मा उल्लेखित घटनाद्वारा, त्यस पक्षाघाती मानिस र उसका चारजना मित्रहरूले कस्तो विश्वास देखाएर, प्रभुको चङ्गाइकर्ता हातद्वारा रोगबाट छुटकारा पाई परमेश्वरलाई महिमा दिए भनी हामी हेर्नेछौं।

जब येशू कफर्नहुममा फर्कनुभयो, तब उहाँको आगमनको खबर तुरुन्तै फैलियो र ठूलो भीड उहाँकहाँ जम्मा भयो। उहाँले तिनीहरूलाई परमेश्वरको वचन- सत्य - सिकाउँदै हुनुहुन्थ्यो र भीडले उहाँको वचनलाई एकदमै ध्यानपूर्वक सुन्दै थिए। त्यत्ति नै खेर चार जना मानिसहरूले खाटसहित एक जना पक्षाघातीलाई बोकेर ल्याए, तर भीडको कारण तिनीहरूले त्यस पक्षाघातीलाई येशूको सामु ल्याउन सकेनन्।

तरैपनि तिनीहरूले हार मानेनन्। त्यसको साटो, तिनीहरू येशू रहनुभएको घरको छतमाथि उक्ले, छत खोले र त्यहाँबाट त्यस पक्षाघातीलाई त्यो सुतेको खाटसहित उहाँको सामु तल ओह्राले। जब येशूले तिनीहरूको विश्वास देख्नुभयो, तब उहाँले त्यस पक्षाघातीलाई, "ए छोरा, तिम्रा पापहरू क्षमा भए......

उठ, तिम्रो खाट उठाएर हिँड," भन्न ु भयो र त्यस पक्षाघातीले हार्दिक चाहना र ाखे अन ु सार नै चङ्गाइ पाप्त गऱ्यो । जब ऊ सबैको साम ु न्नेमा आफ्नो खाट उठाई हिँड ्यो, तब सबै जना छक्क परे र परमेश्वरलाई महिमा दिए ।

त्यो पक्षाघाती आफै हिँड ्ड ु ल गर्न सक्दैनथ्यो । जब उसले अन्धाका आँखाहरू खोली दिने, ल ु लालङ्गडाहरू तथा क ु ष्ठरोगीहरूलाई निको पार्न ु ह ु ने, भ ू तात्माहरू धपाउन ु ह ु ने र विभिन्न रोगहरूबाट पीडित भएकाहरूलाई चङ्गाइ दिन ु ह ु ने येश ू को बारेमा स ु न्यो, तब ऊ येश ू लाई भेट ्न अत्यन्तै इच्छ ु क भयो । उसमा असल हृदय भएकोले गर्दा, येश ू को बारेमा स ु नेपछि उसले येश ू कहाँ ह ु न ु ह ु न्छ सो थाहा पाएको खण्डमा उहाँलाई भेट ्न जाने सोच बनायो ।

तत ्पश्चात ् एकदिन, येश ू कफर्नहु ममा आउन ु भएको खबर उसले स ु न्यो । यो खबर स ु न्दा ऊ कत्ति ख ु शी भएको थियो होला भनी के तपाईं कल्पना गर्न सक्न ु ह ु न्छ ? उसले सहायताको निम्ति मित्रहरूसित आग्रह गरेको ह ु न ु पर्दछ र भाग्यवश विश्वास भएका मित्रहरू उसलाई सहयोग गर्न तयार भए । उसका मित्रहरूले पनि येश ू को बारेमा स ु नेको ह ु नाले, येश ू को साम ु लगिदिन उसले हार्दिकता प ू र्वक आग्रह गर्दा मित्रहरू पनि राजी भए ।

यदि उसका मित्रहरूमा उसको आग्रहलाई लत्याउने र "देख्दै नदेखेको क ु र ामा तिमी कसरी विश्वास गर्न सक्छौ ?" भन्दै उसको उपहास गर्ने स्वभाव भएको भए, त्यस्तो जोखिम उठाएर तिनीहरूले उसलाई सहायता गर्ने थिएनन ् । तर, तिनीहरूमा विश्वास भएकोले गर्दा, तिनीहरूले उसलाई उसका खाटसहित बोकेर ल्याए र घरको छत खोल्ने जोखिम पनि उठाए ।

एकदमै कठिनाइप ू र्वक यात्रा गर्दै त्यहाँ आएका तिनीहरू ठ ू लो भीड जम्मा भएको कारण येश ू को साम ु जान नसक्दा कति चिन्तित र निराश भएका थिए होलान ् ? अलिकित मात्रै भएपनि बाटो दिन ु होस ् भन्दै तिनीहरूले बिन्ती याचना समेत गरे होलान ् । यद्यपि मानिसहरूको बाक्लो उपस्थिति भएकोले गर्दा,

तिनीहरूको केही सीप लागेन र तिनीहरू निराश हुँदै थिए। अन्ततः तिनीहरूले येशू रहनुभएको घरको छतमाथि चढ्ने, उहाँमाथिको छत उघार्ने र त्यो छत उघारेको ठाउँबाट पक्षाघाती मित्रलाई उसको खाट सहित येशूको सामु आह्राल्ने निर्णय गरे । त्यहाँ भेला भएका मानिसहरूमध्ये पक्षाघातीले येशूलाई नजीकैबाट भेट्यो । यस घटनाद्वारा, हामी त्यस पक्षाघाती तथा उसका मित्रहरू येशूको सामु जान कति लालायित थिए भन्ने कुरा महसुस गर्न सक्छौं ।

हामीले यो कुरा बुभ्नु पर्दछ कि, पक्षाघाती र उसका मित्रहरू सहजै येशूको सामु पुगेका थिएनन् । येशू बारे सुनेको भरमा त्यत्रो जोखिम मोलेर तिनीहरू उहाँलाई भेट्न गएको तथ्यले, तिनीहरूले उहाँबारेका खबरहरू र उहाँले सिकाउनु भएको शिक्षामाथि विश्वास गरेको कुरालाई पष्ट पार्दछ । थपअभ्न, समस्याहरूलाई पार गर्दै, सहँदै र जोखिम मोलेर येशूको सामु गई, पक्षाघाती र उसका मित्रहरूले येशूको सामु स्वयम्लाई नम्र तुल्याए ।

पक्षाघाती र उसका मित्रहरू छतमाथि चढी, छत उघारेको देख्दा मानिसहरूले तिनीहरूलाई हकारेका वा तिनीहरूसित रिसाएका थिए होलान् । सायद हामीले कल्पाना नै गर्न नसक्ने घटना त्यहाँ भएको थियो होला । तर, ती पाँच जना (पक्षाघाती र तिनका मित्रहरू) लाई कुनै पनि कुराले अवरोध पुऱ्याएन । एकपटक तिनीहरूले येशूलाई भेटेपछि त्यस पक्षाघाती निको हुने थियो र तिनीहरूले छत मर्मत गरिदिन वा त्यसको क्षतिपूर्ति दिन सक्थे ।

वर्तमान समयमा गम्भीर रोगबिमारहरूबाट ग्रस्त मानिसहरू माभ्न, बिरामी स्वयम्ले वा उसको परिवारले विश्वास देखाएको घटना बिरलै पाइँदछ । जोखिम मोल्दै जोशका साथ येशूको सामु आउनुको साटो, तिनीहरू, "म एकदमै बिरामी छु । म चाहेर पनि जान सक्दिनँ," वा "मेरो परिवारको फलानो सदस्य यति कमजोर हुनुहुन्छ कि, उहाँ चलहल समेत गर्न सक्नुहुन्न" भनी भन्ने

गर्दछन्। परिश्रम नगर्ने तर आसमा बस्ने यस्ता निष्क्रिय मानिसहरूलाई देखदा खिन्नता महसुस हुँदछ। अर्को शब्दमा भन्नुपर्दा यस्ता मानिसहरूमा विश्वासको कमी हुँदछ।

यदि कसैले परमेश्वरमा विश्वासको स्वीकारोक्ति दिन्छ भने, त्यो स्वीकारोक्तिलाई प्रकट गर्ने हार्दिकता पनि त्यस व्यक्तिमा हुनुपर्दछ। ज्ञानको रूपमा मात्र रहेको विश्वासद्वारा कसैले पनि परमेश्वरका कार्यहरू अनुभव गर्न सक्दैन, विश्वासलाई कार्यमा उतारेको खण्डमा मात्र उसको विश्वास जीवित हुँदछ र परमेश्वरबाटको आत्मिक विश्वास प्राप्त गर्ने विश्वासको जग बस्दछ। तसर्थ, जसरी पक्षाघातीले उसको विश्वासको जगद्वारा परमेश्वरबाटको चङ्गाइको कार्य प्राप्त गऱ्यो, त्यसरी नै हामी पनि बुद्धिमान् बनी उहाँलाई हाम्रो विश्वासको जग अर्थात् विश्वास देखाउनुपर्दछ, जसले गर्दा परमेश्वरबाट आत्मिक विश्वास प्राप्त गर्ने जीवन जिई हामीले पनि उहाँका आश्चर्यकर्महरू अनुभव गर्न सक्नेछौं।

तिम्रा पापहरू क्षमा भएका छन्

चार जना मित्रहरूको सहायतामा येशूको सामु आएको पक्षाघातीलाई, येशूले, "छोरा तिम्रा पापहरू क्षमा भए" भन्नुभयो र पापको समस्या समाधान गरिदिनुभयो। परमेश्वर र व्यक्तिको बीचमा पापको पर्खाल भएको खण्डमा कुनै पनि व्यक्तिले उत्तरहरू प्राप्त गर्न नसक्ने भएकोले गर्दा, येशूले विश्वासको जगका साथ उहाँकहाँ आएको पक्षाघातीको पापको समस्या पहिला समाधान गरिदिनुभयो।

यदि हामी साँच्चै परमेश्वरमा विश्वासको स्वीकारोक्ति दिँदछौं भने, कस्तो मनोवृत्तिका साथमा हामी उहाँको सामु आउनुपर्दछ र हामीले कस्ता कामहरू गर्नुपर्दछ भन्ने कुरा बाइबलमा लेखिएको छ। "गर," "नगर," "राख," "फाल," जस्ता आज्ञाहरू पालना गरेर अधर्मी व्यक्ति धर्मी व्यक्तिमा र झूठो व्यक्ति सत्य

र इमानदार व्यक्तिमा परिणत ह ुन सक्छ । सत्यको वचन पालना गरेको खण्डमा प्रभ ुको रगतद्वारा हाम्रा पापहरू पखालिनेछन् र पाप क्षमा भएपछि परमेश्वरबाट स ुरक्षा र उत्तरहरू हामी प्राप्त गर्नेछौं ।

सबै रोगबिमारहरू पापको कारण नै आइपर्ने भएकोले गर्दा, पापको समस्या समाधान भएको खण्डमा मात्र परमेश्वरको कार्य प्रकट ह ुने अवस्था स ृजना ह ुन सक्छ । जसरी विद्य ुत एनोड (बलयमभ) बाट भई क्याथोड (अबतजयमभ) बाट प्रवाह हँ ुदा विद्य ुतीय बत्ती बल्दछ र मेशिनले काम गर्दछ त्यसरी नै विश्वासको जग देख्न ु भएपछि परमेश्वरले क्षमा दिन ुभई माथिबाटको विश्वास दिन ुह ुनेछ र आश्चर्यकर्म प्रकट ह ुनेछ ।

"उठ, तिम्रो खाट उठाऊ र घर जाऊ ।" उहाँको यो भनाई कति हृदयस्पर्शी छ ! पक्षाघाती र उसका चार जना मित्रहरूको विश्वासलाई देख्न ु भएपछि, ये श ूले त्यस पक्षाघातीको पापको समस्या समाधान गरिदिन ुभयो र ऊ उठेर हिँड्न सक्ने भयो । उसको लामो समयदेखिको इच्छा प ूरा भयो । त्यसरी नै, यदि हामी रोगबिमारहरूका साथै हाम्रो जीवनका हरेक समस्याहरूको समाधान प्राप्त गर्न चाहन्छौं भने सर्वप्रथम हामीले पापक्षमा पाउन ु पर्दछ र हृदयलाई सफा पार्न ु पर्दछ ।

जब मानिसहरूमा थोरै मात्र विश्वास थियो, तब रोगबिमारहरूबाट समाधान पाउन तिनीहरू औषधि तथा चिकित्सकहरूमा भर पर्दथे, तर अब तिनीहरूको विश्वास व ृद्धि भएकोले र परमेश्वरलाई प्रेम गरी उहाँको वचनअन ुसार जिएकोले रोगबिमार तिनीहरूमाथि आउने छैन । तिनीहरूमाथि रोगबिमार आइहालेतापनि, यदि तिनीहरू स्वयम्लाई जाँची, हृदयको गहिराइदेखि पश्चात्ताप गरी, पापमय स्वभावहरूबाट फर्केर आएको खण्डमा तिनीहरूले त ुरुन्तै चङ्गाइ पाउने छन् । मलाई थाहा छ कि तपाईंहरू मध्ये थ ुप्रैले यो क ुराको अन ुभव गर्न ु भएको छ ।

केही समय अघिको क ुरा हो, मेरो चर्चको एकजना एल्डरको मेरुदण्डको

डिस्कमा चोट लागेको थियो र उहाँ चलहल गर्न सक्नुहुन्नथ्यो । उहाँले स्वयम्‌लाई जाँचेर हेर्नुभयो, पश्चात्ताप गर्नुभयो र मेरो पार्थना गहण गर्नुभयो । त्यस लगत्तै परमेश्वरको चङ्गाइको कार्य पकट भयो र उहाँ निको हुनुभयो ।

उहाँकी छोरी उच्च ज्वरोबाट गस्त हुनुहुँदा, उहाँकी श्रीमतीले उहाँको रिसाउने बानीको कारण नै छोरी बिरामी पर्नुभएको कुरा महसुस गर्नुभई, त्यस कुराको निम्ति पश्चात्ताप गर्नुभएपछि छोरी निको हुनुभयो ।

आदमको अनाज्ञाकारिताको कारण विनाशको मार्गमा गइरहेका मानिसहरूलाई बचाउनको लागि परमेश्वरले येशू ख्रीष्टलाई यस पृथ्वीमा पठाउनुभयो र हाम्रा श्रापहरू बोकी काठको क्रूसमा मर्न दिनुभयो । किनभने बाइबलमा यस्तो लेखिएको छ, “रगत नबगाईकन पापको क्षमा हुनै सक्दैन” (हिब्रू ९:२२) र “काठमा झुण्डिने हरेक श्रापित हुन्छ” (गलाती ३:१३) ।

पापको कारण नै रोगबिमारहरू आइपर्दछन्‌ भन्ने कुरा थाहा पाएकोले गर्दा, अब हामीले हाम्रा पापहरूको निम्ति पश्चात्ताप गर्नुपर्दछ र हामीलाई सबै पकारका रोगबिमारहरूबाट छुटकारका दिनुहुने येशू ख्रीष्टमा विश्वास गर्नुपर्दछ जसले गर्दा हामी स्वस्थ जीवन जिउन सक्नेछौं । आज थुपै विश्वासीहरूले चङ्गाइका कार्यहरू अनुभव गर्नुभई, परमेश्वरको शक्तिको पमाण दिनुहुँदै जीवित परमेश्वरको साक्षी दिइरहनु भएको छ । यसले येशू ख्रीष्टमा विश्वास गरी उहाँको नाउँमा परमेश्वरमा बिन्ती गर्नेहरूले सबै पकारका रोगबिमारहरूबाट छुटकारा पाउनेछन्‌ भन्ने कुरालाई पमाणित गर्दछ । हाम्रा रोगबिमारहरू जति सुकै गम्भीर भएतापनि, यदि हामी हाम्रो निम्ति कोर्रा खानुहुने र रगत बगाउनुहुने येशू ख्रीष्टमा विश्वास गर्दछौं भने, परमेश्वरको उदेकका चङ्गाइका कार्यहरू पकट हुनेछन्‌ ।

कार्यहरूद्वारा सिद्ध भएको विश्वास

जसरी पक्षाघातीले उसका चार जना मित्रहरूको सहयोगमा येशूको अघि विश्वास देखाउँदा ऊ निको भएको थियो, त्यसरी नै यदि हामी पनि हृदयका चाहनाहरू प्राप्त गर्न चाहन्छौं भने, हामीले परमेश्वरको सामु कार्यहरू सहितको विश्वास देखाई विश्वासको जग बसाल्नु पर्दछ । पाठकहरूले "विश्वास" को अर्थलाई अझ राम्ररी बुझ्न सक्नुभएको होस् भन्ने हेतुले म यसलाई अझ संक्षिप्त रूपमा व्याख्या गर्नेछु ।

विश्वासी जीवनमा "विश्वास" लाई दुइ भागमा विभाजन गर्न सकिन्छ । प्रमाणहरू देखेपछि र ज्ञान तथा सोचाइसित वचन मेल खाएपछि मात्र विश्वास गर्नु चाहिँ "शारीरिक विश्वास" वा "ज्ञानरूपी विश्वास" हो । यसको विपरीत प्रमाणहरू नदेखेतापनि र ज्ञान तथा सोचाइसित वचन मेल नखाएतापनि विश्वास गर्नु चाहिँ "आत्मिक विश्वास" हो ।

"शारीरिक विश्वास" भएकाहरू कुनै पनि थोक दृश्य/देखिने कुराहरूबाट नै बनिएका हुन् भन्ने कुरामा विश्वास गर्दछन् । तर "आत्मिक विश्वास" भएकाहरू भने आफ्नै सोचाइ तथा ज्ञानमा भर पर्दैनन् र अदृश्य कुराहरूबाट पनि दृश्य कुराहरू सृष्टि हुन सक्छन् भन्ने कुरामा विश्वास गर्दछन् । आत्मिक विश्वास धारण गर्नको लागि हामीले हाम्रो ज्ञान र सोचलाई नष्ट गर्नु पर्दछ ।

जन्मदेखि नै हरके मानिसले आफ्नो मस्तिष्कमा अथाह ज्ञान भण्डार गरिरहेका हुन्छन् । उसले देखेका र सुनेका कुराहरू मस्तिष्कमा भण्डार भइरहेका हुन्छन् । घर तथा विद्यालयमा सिकेका कुराहरू, विभिन्न परिस्थिति तथा परिवेशहरूबाट सिकेका कुराहरू भण्डार भइरहेका हुन्छन् । यद्यपि, भण्डार भएका सबै ज्ञानहरू सही नहुन पनि सक्छन्, यदि ती कुराहरू परमेश्वरको वचनको

विपरीतमा छन् भने ती कुराहरूलाई हटाउनु पर्दछ । उदाहरणको लागि, एकजना व्यक्तिले विद्यालयमा छँदा सबै जीवजीवातहरू एक कोशिय जीवहरूबाट विकसित भएका हुन् भन्ने कुरा सिकेको थियो तर बाइबल पढेपछि उसले सबै जीवजीवातहरूलाई तिनीहरूका जातजात अनुसार परमेश्वरले नै सृष्टि गर्नुभएको हो भन्ने कुरा जान्यो । अब उसले के गर्नुपर्छ त ? विकासवादको सिद्धान्तले फेल खाएको कुराको पुष्टि विज्ञानले नै समयसमयमा गर्दै आइरहेको छ । जति सुकै समय बितेतापनि बाँदर मानिसमा र भ्यागुतो पक्षीहरूमा कसरी विकसित हुन सक्छ र ? यहाँसम्म कि तर्कहरूले पनि सृष्टिवादलाई नै समर्थन गर्दछ ।

जब तपाईं आफ्ना सबै शङ्काहरू हटाउनुहुन्छ र तपाईंको "शारीरिक विश्वास" "आत्मिक विश्वास" मा परिणत हुन्छ, तब तपाईं विश्वासको चट्टानमा खडा हुनुहुनेछ । थपअझ, यदि तपाईं परमेश्वरमा आफ्नो विश्वासको स्वीकारोक्ति दिनुहुन्छ भने, ज्ञानको रूपमा भण्डार गरेर राख्नुभएको वचनलाई तपाईंले कार्यमा उतार्नु पर्दछ । परमेश्वरमा विश्वास गर्छु भनी तपाईंले स्वीकारोक्ति दिनुभएको छ भने, प्रभुको दिनलाई पवित्र राखी, छिमेकीहरूलाई प्रेम गरी र सत्यको वचन पालना गरी तपाईं ज्योति बन्नु पर्दछ ।

मर्कूस २ अध्यायमा उल्लेख गरिएको पक्षाघाती यदि घरमै बसिरहेको भए, ऊ निको हुने थिएन । यशूको सामु गएको खण्डमा निको हुनेछु भनी विश्वास गरेकोले र हरसम्भव प्रयास गरी विश्वास देखाएकोले गर्दा, त्यस पक्षाघातीले चङ्गाइ प्राप्त गर्न सक्यो । यदि कुनै व्यक्ति घर निर्माण गर्ने चाहनाका साथ "प्रभु, घर निर्माण हुनेछ भनी म विश्वास गर्दछु," भन्दै केवल प्रार्थना मात्र गरिरहन्छ भने, उसले सयौं वा हजारौं पटक प्रार्थना गरेतापनि उसको घर निर्माण हुने छैन । उसले माटो खनेर, जग बसालेर, पिलर/स्तम्भहरू खडा गरेर र घर निर्माण सम्बन्धी अन्य कार्यहरू गर्दै आफ्नो भागका कार्यहरू गर्नुपर्ने

थियो, अर्को शब्दमा भन्नुपर्दा "विश्वासका कार्यहरू" देखाउनुपर्ने थियो ।

यदि तपाईं वा तपाईंको परिवारका सदस्यहरूमध्ये कोही रोगबिमारबाट कष्ठित हुनुहुन्छ भने, तपाईंको परिवारका सदस्यहरू प्रेममा एक बन्नु भएको खण्डमा परमेश्वरले एकतालाई विश्वासको जगको रूपमा हेर्नुभई क्षमा दिनुहुनेछ र चङ्गाइका कार्यहरू प्रकट गर्नुहुनेछ । केही मानिसहरू सबै कुराको समय भएकोले गर्दा, चङ्गाइको पनि समय हुन्छ भनी भन्ने गर्दछन् । यद्यपि, हामीले यो बुझ्नु पर्दछ कि "समय" ले चाहिँ परमेश्वरको सामु विश्वासको जग बसाल्ने अवधिलाई जनाउँदछ ।

तपाईंहरू हरेकले रोगबिमारहरूबाट छुटकारा पाउनुका साथै, प्रार्थनामा माग्नुभएका सबै कुराहरू प्राप्त गर्नुभई परमेश्वरलाई महिमा दिनुभएको होस् भनी, हाम्रो प्रभुको नाउँमा म प्रार्थना गर्दछु !

अध्याय ५

शारीरिक अशक्तता/दुर्बलताहरू निको पार्ने शक्ति

उहाँले आफ्ना बाह्र चेलाहरूलाई बोलाएर अश
ुद्ध आत्माहरू निकाल्ने र हरप्रकारका रोग र द ुर्बलता निको पार्ने अधिकार
तिनीहरूलाई दिन ुभयो

(मत्ती १०:१) ।

रोगबिमार तथा दुर्बलताहरू निको पार्ने शक्ति

अविश्वासीहरूमाझ जीवित परमेश्वरलाई प्रमाणित गर्ने थुप्रै तरिकाहरू छन्, र ती मध्ये रोगबिमारहरूबाटको चङ्गाइ एक हो । चिकित्सा विज्ञानले निको पार्न नसक्ने दीर्घकालिन् र प्राणघातक रोगहरूबाट ग्रस्त भएका मानिसहरू यदि निको हुन्छन् भने, तिनीहरूले सृष्टिकर्ता परमेश्वरको शक्तिलाई इन्कार गर्न सक्दैनन् र उहाँको शक्तिमा विश्वास गरी तिनीहरूले उहाँलाई महिमा दिनेछन् ।

धनसम्पत्ति, अख्तियार, प्रसिद्धि र ज्ञानको बावजूद पनि आज थुप्रै मानिसहरू रोगबिमारका समस्याहरूलाई समाधान गर्न नसकी पीडामा जिइरहेका छन् । चिकित्सा विज्ञानको तीव्र विकास भएतापनि थुप्रै प्राणघातक रोगहरूको निदान असम्भव छ, तरैपनि यदि मानिसहरू सर्वशक्तिमान् परमेश्वरमा विश्वास गरी, उहाँमा भर पर्दछन् र सबै कुरा उहाँको हातमा सुम्पन्छन् भने, सबै प्रकारका दीर्घकालिन् र प्राणघातक रोगहरू निको हुनेछन् । हाम्रो परमेश्वर सर्वशक्तिमान् हुनुहुन्छ, उहाँमा कुनै कुरा असम्भव छैन र उहाँ शून्यताबाट सबै कुराहरू सृष्टि गर्न, लहुरोमा कोपिला उमार्न (गन्ती १७:८) र मृतकलाई पुनर्जीवित पार्न सक्नुहुन्छ (यूहन्ना ११:१७-४४) ।

हाम्रो परमेश्वरको शक्तिले सबै प्रकारका रोगबिमारहरूलाई निको पार्न सक्छ । बाइबलमा हामी यस्तो लेखिएको पाउँदछौं, "अनि येशू तिनीहरूका सभाघरहरूमा सिकाउँदै, राज्यको सुसमाचार प्रचार गर्दै, र मानिसहरूमा भएका हरेक किसिमका रोग र शारीरिक दुर्बलता निको पार्दै सारा गालीलभरि घुम्नुभयो" (मत्ती ४:२३) र "यशैया अगमवक्ताले बोलेको अगमवाणी पूरा हुनलाई यो भएको थियो, 'उहाँ आफैले हाम्रा दुर्बलताहरू लिनुभयो, र हाम्रा रोगहरू उठाइलानुभयो'" (मत्ती ८:१७) । यी पदहरूमा "रोग," "बिमार," र "दुर्बलताहरू"

जस्ता शब्दहरू उल्लेख गरिएका छन् ।

यहाँ "दुर्बलताहरू" ले रुघा खोकी वा थकानको कारण हुने अस्वस्थता जस्ता साधारण रोगबिमारलाई जनाउँदैन । यसले दुर्घटना वा अन्य कुनै कारणवश शरीर, शरीरका भागहरू वा अङ्गहरूमा चोट पटक लागि अङ्गभङ्ग भएको वा शारीरिक असमर्थता भएको असामान्य शारीरिक अवस्थालाई जनाउँदछ । उदाहरणको लागि, गूँगोपना, बहिरोपना, अन्धोपना, लुला-लङ्गडा, पोलियो र यस्ता अन्य शारीरिक असमर्थता जुनलाई मानव ज्ञान-बुद्धिद्वारा निको पार्न सकिँदैन, यी सबै "दुर्बलताहरू" अन्तर्गत पर्दछन् । थप अझ दुर्घटनामा परी वा स्वयम् वा आमाबुवाको गल्तीको कारण शारीरिक असमर्थता भएकाहरूमध्ये केही मानिसहरूचाहिँ, यूहन्ना ९:१-३ मा उल्लेख भएको जन्मैदेखिको अन्धा जस्तै परमेश्वरको महिमा प्रकट होस् भन्ने हेतुले त्यस्तो अवस्थामा पुगेका हुन्छन् । यद्यपि यस्ता घटनाहरू विरलै हुने गर्दछन् र प्राय जसोचाहिँ मानवीय अज्ञानता र गल्तीका कारण नै उत्पन्न हुने गर्दछन् ।

जब मानिसहरू पश्चात्ताप गरी येशू ख्रीष्टलाई ग्रहण गर्दछन् र परमेश्वरमा विश्वास गरी जीवन जिउन प्रयत्न गर्दछन् तब उहाँ तिनीहरूलाई बरदान स्वरूप पवित्र आत्मा दिनुहुन्छ । पवित्र आत्माको साथसाथै तिनीहरूले परमेश्वरको सन्तान बन्ने अधिकार पनि प्राप्त गर्दछन् । पवित्र आत्मा तिनीहरूमा आउनु भएपछि, एकदमै जटिल र गम्भीर रोगहरू बाहेक प्राय जसो रोगबिमारहरू निको हुन्छन् । पवित्र आत्मा प्राप्त गरेपछि, पवित्र आत्माको आगो तिनीहरूमाथि आउनु हुनेछ र तिनीहरूका रोगबिमार र घाउहरूलाई जलाएर नष्ट पारि दिनु हुनेछ । यसबाहेक, गम्भीर रोगबिमारहरूबाट ग्रस्त भएकाहरू पनि यदि विश्वासका साथ हार्दिकतापूर्वक प्रार्थना गर्दछन्, परमेश्वर र तिनीहरूको बीचमा रहेको पापको पर्खाल भत्काउँदछन्, पश्चात्ताप गरी पापमार्गदेखि फर्केर

आउँदछन् भने, विश्वास अन ुसार नै तिनीहरूले चङ्गाइ प्राप्त गर्नेछन् ।

“पवित्र आत्माको आगो” लेचाहिँ पवित्र आत्मा प्राप्त गरेपछि आउने आगो को बप्तिस्मालाई जनाउँदछ, र यो परमेश्वरको शक्ति हो । जब बप्तिस्मा दिन ुह ुने य ूहन्नाका आत्मिक आँखाहरू खोलिए, तब उहाँले पवित्र आत्माको आगोलाई “आगोको बप्तिस्मा” भनी उल्लेख गर्न ुभयो । मत्ती ३:११ मा, बप्तिस्मा दिन ुह ुने य ूहन्नाले यस्तो भन्न ुभयो, “मचाहिँ त तिमीहरूलाई पश्चात्तापको लागि पानीले बप्तिस्मा दिन्छ ु, तर मपछि आउन ुह ुने मभन्दा अझ शक्तिशाली ह ुन ुह ुन्छ, जसका ज ुत्ता बोक्ने योग्यको म छैनँ । उहाँले तिमीहरूलाई पवित्र आत्मा र आगोले बप्तिस्मा दिन ुह ुनेछ ।” आगोको बप्तिस्मा पवित्र आत्माले भरिप ूर्ण भएको समयमा मात्र प्राप्त गर्न सकिन्छ । तसर्थ पवित्र आत्माले भरिप ूर्ण भएकाहरूमाथि पवित्र आत्माको आगो आउन ुह ुने भएकोले गर्दा, तिनीहरूका सम्प ूर्ण पाप तथा रोगबिमारहरू जलेर नष्ट ह ुनेछन् र तिनीहरूले स्वस्थ जीवन जिउन सक्नेछन् ।

आगोको बप्तिस्माले रोगबिमारका सरापहरूलाई जलाउँदा, प्राय जसो रो गबिमारहरू निको भएतापनि द ुर्बलताहरूलाई भने यसले निको पार्न सक्दैन । त्यसोभए, द ुर्बलताहरूलाई कसरी निको पार्न सकिन्छ त ?

परमेश्वरले दिन ुभएको शक्तिद्वारा मात्र सबै प्रकारका द ुर्बलताहरूलाई निको पार्न सकिन्छ । त्यही भएर य ूहन्ना ९:३२-३३ मा हामी यसो लेखिएको पाउँदछौं, “संसार श ुरु भएदेखि यसो जन्मैको अन्धाका आँखा कसैले खोलिदिएको क ुरा कहिल्यै स ुनिएन । यदि यी मानिस परमेश्वरबाट नआउन ुभएको भए उहाँले के ही गर्न सक्न ुह ुनेथिएन ।”

प्रेरित ३:१-१० मा एउटा घटना उल्लेख गरिएको छ, जसमा परमेश्वरबाट

शक्ति प्राप्त गर्नुभएका पत्रुस र यूहन्नाले मन्दिरको “सुन्दर” नामक ढोकामा माग्न बसेको जन्मैको लङ्गडालाई उठेर हिँड्ने तुल्याउनुभएको थियो । जब पत्रुसले त्यस लङ्गडालाई, “सुनचाँदी मसित छैन । तर जे मसित छ, त्यही म तँलाई दिन्छु । नासरतका येशू ख्रीष्टको नाउँमा हिँड्!” (पद ६) भन्नुभई त्यसको दाहिने हात समाती त्यसलाई उठाउनुभयो, तब तुरुन्तै त्यसका खुट्टाहरू र गोलीगाँठामा ताकत आयो र त्यसले परमेश्वरको स्तुति गर्न थाल्यो । जब मानिसहरूले त्यस जन्मैको लङ्गडालाई हिँड्दैगरेको र परमेश्वरको प्रशंसा गरिरहेको देखे, तब तिनीहरूले अचम्म माने र आश्चर्यचकित भए ।

यदि कोही निको हुन चाहन्छ भने, उसमा येशू ख्रीष्टमा विश्वास गर्न सक्ने विश्वास हुनुपर्दछ । त्यस जन्मैको लङ्गडा मानिस एक माग्ने भएतापनि, उसले येशू ख्रीष्टमा विश्वास गरेकोले गर्दा, परमेश्वरबाट शक्ति पाउनुभएका परमेश्वरका जनहरूले उसको निम्ति प्रार्थना गरिदिनुहुँदा ऊ निको भयो । त्यसकारण धर्मशास्त्र पदले भन्दछ, “उहाँको नाउँमाथि गरेको विश्वासले र उहाँकै नाउँले तपाईंहरूले देखेका र जानेका यस मानिसलाई बलियो तुल्यायो । येशूबाट पाएको विश्वासले यस मानिसलाई तपाईंहरू सबैका सामुन्ने पूरा निको पार्‍यो” (प्रेरित ३:१६) ।

मत्ती १०:१ मा, हामी येशूले आफ्ना चेलाहरूलाई अशुद्ध आत्माहरू निकाल्ने र हरप्रकारका रोग र दुर्बलताहरूलाई निको पार्ने अधिकार दिनुभएको कुरा पाउँदछौं । पुरानो करारको समयमा, परमेश्वरले मोशा, एलिया र एलीशा जस्ता उहाँका प्रिय अगमवक्ताहरूलाई दुर्बलताहरू निको पार्ने शक्ति दिनुभएको थियो भने, नयाँ करारको समयमा प्रेरित पावल र पत्रुस तथा विश्वासयोग्य सेवकहरू स्तिफनस र फिलिपलाई परमेश्वरको शक्ति दिनुभएको थियो ।

एक पटक कसैले परमेश्वरको शक्ति प्राप्त गर्न ु भएपछि, उहाँहरू ल ुलालङ्गडा तथा पोलियोबाट ग्रस्त भएकाहरूलाई उठेर हिँड ्न सक्ने, अन्धाहरूलाई दे ख्न सक्ने, बहिराहरूलाई स ुन्न सक्ने र ग ूँगाहरूलाई बोल्न सक्ने बनाउन सक्न ुह ुन्छ ।

द ुर्बलताहरू निको पार्ने विभिन्न तरिकाहरू

१. परमेश्वरको शक्तिद्वारा बहिरो र ग ूँगो मानिस निको भएको

मर्क ूस ७:३१-३७ मा परमेश्वरको शक्तिद्वारा बहिरो र ग ूँगो मानिस निको भएका एउटा घटना छ । जब मानिसहरूले बहिरो र ग ूँगो मानिसलाई येश ूको साम ु ल्याई उसमाथि हात राखिदिन ुहोस ् भनी उहाँसित बिन्ती गरे, तब ये श ूले उसलाई एकान्तमा लग्न ुभई उहाँका औँला उसको कानमा लगाउन ुभयो । त्यसपछि थ ुक्न ुभएर उहाँले उसको जिब्रो छ ुन ुभयो । अनि स्वर्गतिर हे र्न ुभई लामो सास फेर्न ुभएर उहाँले ‘इफ्फाता’ भन्न ुभयो (जसको अर्थ खो लिजा हो) । त्यति नै खेर उसका कान खोलिए र जिब्रोको बन्धन फ ुक्यो अनि ऊ स्पष्ट बोल्न थाल्यो ।

परमेश्वर जसले वचनद्वारा नै यस ब्रह्माण्डमा भएका सबै थो कहरू स ृजन ुभयो, के उहाँले त्यस व्यक्तिलाई वचनद्वारा नै निको पार्न सक्न ुह ुन्नथ्यो र ? येश ूले किन त्यस व्यक्तिको कानमा उहाँका औँला र ाख्न ुभयो त ? बहिराहरू स ुन्न सक्दैनन ् र तिनीहरू सांकेतिक भाषा प्रयोग गर्दछन ्, त्यसकारण यदि येश ूले उसलाई केही क ुरा भन्न ुभएको भए अरूले दे खाए जस्तै उसले विश्वास देखाउन सक्दैनथ्यो । उसमा विश्वासको कमी भएको

कुरा येशूलाई थाहा थियो, त्यसकारण उसमा चङ्गाइ प्राप्त गर्न सक्ने विश्वास हालिदिनको लागि येशूले उहाँको औँलाद्वारा उसको कान छोइदिनुभयो । चङ्गाइ पाउनको निम्ति हामीमा निको हुनेछु भन्ने विश्वास हुनु अपरिहार्य हुँदछ । येशूले वचनद्वारा नै मानिसहरूलाई निको पार्न सक्नुहुन्थ्यो, तर त्यो व्यक्ति बहिरो भएकोले गर्दा येशूले त्यस तरिकाद्वारा उसमा विश्वास हालिदिनुभयो र चङ्गाइ प्राप्त गर्न दिनुभयो ।

त्यसोभए, किन येशूले थुक्नुभएर त्यस व्यक्तिको जिब्रो छुनुभयो त ? येशूले थुक्नुभएको तथ्यले त्यस मानिसलाई दुष्ट आत्माले गूँगो बनाएको थियो भन्ने कुरालाई जनाउँदछ । यदि कुनै व्यक्तिले अकारण नै तपाईंको अनुहारमा थुक्यो भने तपाईंलाई कस्तो महसुस हुन्छ ? योचाहिँ तपाईंलाई पूरै अवहेलना गर्दै गरिएको फोहोरी र अनैतिक व्यवहार हो । सामान्यतया, थुक्नुले अनादार गरेको र होच्च्याएको जनाउँदछ, त्यसकारण दुष्टात्मा धपाउनको लागि येशूले थुक्नुभएको थियो ।

उत्पत्तिको पुस्तकमा परमेश्वरले सर्पलाई जीवनैभरि माटो खाने सराप दिनुभएको कुरा हामी पाउँदछौं । अर्कोतिर, यसले सर्पलाई उक्साउने शत्रु दियाबलस र शैतानले माटोबाट सृष्टि भएका मानिसहरूलाई शिकार बनाउनेछ भनी परमेश्वरले दिनुभएको सरापलाई जनाउँदछ । त्यसकारण, आदमको समयदेखि शत्रु दियाबलस मानिसहरूलाई आफ्नो शिकार बनाउन र कष्टपीडा दिनको लागि हर समय मौका खोजिरहन्छ । जसरी फोहोर ठाउँहरूमा झीँगा, लाम्खुट्टे र कीराहरू झन्कन्छन्, त्यसरी नै हृदय पाप, दुष्टता र क्रोधले भरिएका मानिसहरूमा शत्रु दियाबलसले बास गर्दछ र त्यसले तिनीहरूको मनलाई आफ्नो नियन्त्रणमा लिँदछ । हामीले यो कुरा बुझ्नु पर्दछ कि परमेश्वरको वचन

पालना गर्ने र सो अन ुसार जिउनेहरूले मात्र चङ्गाइ पाप्त गर्न सक्दछन ्।

२. परमेश्वरको शक्तिद्वारा अन्धो मानिस निको भएको

मर्क ूस ८:२२-२५ मा हामी एउटा घटना पाउँदछौं :

त्यसपछि उहाँ बेथसेदा आउन ुभयो, र मानिसहरूले एउटा अन्धो मानिसलाई उहाँकहाँ ल्याए, र त्यसलाई छोइदिन ुहोस ् भनी उहाँसँग बिन्ती गरे । उहाँले त्यस अन्धो मानिसको हात समातेर त्यसलाई गाउँबाट बाहिर ल्याउन ुभयो, र त्यसका आँखामा थ ुकेर त्यसमाथि आफ्ना हात राखी त्यसलाई सोध्न ुभयो, "के तिमी केही देख्छौ ?" अनि माथितिर हेरेर त्यसले भन्यो, "म मानिसहरूलाई रूखहरूजस्तै हिँडिरहेका देख्छ ु।" तब उहाँले फोरि त्यसका आँखामा हात राख्न ुभयो, र त्यसले एक टक लाएर हेऱ्यो । त्यसले आफ्नो द ृष्टि पाप्त गऱ्यो र सबै थोक छर्लङ्ग देख्न लाग्यो ।

येश ूले, त्यस अन्धो मानिसको निम्ति पार्थना गर्न ुहँ ुदा, उहाँले त्यसको आँखामा थ ुक्न ुभयो । त्यसोभए, किन त्यस अन्धो मानिसले येश ूले उसको निम्ति दोस्रो पटक पार्थना गरिदिन ु भएपछि मात्र देख्न सक्यो त ? येश ूले उहाँको शक्तिद्वारा त्यस मानिसलाई प ूर्ण रूपमा निको पार्न सक्न ुह ुन्थ्यो, तर त्यस व्यक्तिमा थोरै मात्र विश्वास भएकोले गर्दा उसले विश्वास पाप्त गर्न सकोस ् भन्ने हेत ुले उहाँले त्यस व्यक्तिको निम्ति दोस्रो पटक पार्थना गरि दिन ुभयो । यस घटना मार्फत ् येश ूले हामीलाई, यदि क ुनै व्यक्तिले पहिलो पटकको पार्थनाद्वारा चङ्गाइ पाप्त गर्न सकेन भने, उसमा चङ्गाइ पाउने विश्वास नहोउन्जेलसम्म हामीले उसको निम्ति पार्थना गरिदिन ु पर्दछ भनी सिकाउन ु

भएको छ।

येशू जसको निम्ति कुनै पनि कुरा असम्भव थिएन, उहाँलाई त्यो अन्धो मानिस उसको आफ्नै विश्वासद्वारा निको हुन सक्दैन भन्ने कुरा थाहा भएकोले गर्दा, उहाँले त्यसको निम्ति फेरि प्रार्थना गरिदिनुभयो । त्यसोभए हामीले चाहिँ के गर्नुपर्दछ त ? हामीलेचाहिँ चङ्गाइ नपाउञ्जेलसम्म अझ बढी प्रार्थना र बिन्तीकासाथ सहनुपर्दछ।

यूहन्ना ९:६-९ मा हामी एक जन्मैको अन्धाको घटना पाउँदछौं, जसलाई येशूले भूइँमा थुक्नुभई माटो मुछेर आँखामा लगाइदिनुभएपछि देख्न सक्ने भएको थियो । त्यस व्यक्तिलाई निको पार्ने क्रममा किन येशूले भूइँमा थुक्नुभई, माटो मुछेर त्यस व्यक्तिको आँखामा लगाइदिनुभयो त ? यहाँ थुकले अशुद्ध कुरालाई जनाउँदैन ; माटो मुछेर त्यस अन्धाको आँखामा लगाइदिनको लागि येशूले जमीनमा थुक्नुभएको थियो । साथै पानी नभएकोले गर्दा पनि उहाँले थुकद्वारा माटो मुछ्नु परेको थियो । छोराछोरीहरूको शरीरमा खटिराहरू आउँदा वा शरीर सुन्निदाँ वा तिनीहरूलाई कीराले टोक्दा, कहिलेकाहीँ आमाबाबुहरू स्नेहपूर्वक त्यस स्थानमा आफ्नो थुक लगाइदिने गर्नुहुन्छ। यसद्वारा हामीले कमजोर विश्वास भएकाहरूलाई बलियो बनाउनको लागि विभिन्न मार्गहरू अवलम्बन गर्नुहुने प्रभुको प्रेमलाई महसुस गर्नुपर्दछ।

येशूले त्यस अन्धो मानिसको आँखामा माटो लगाइ दिनुभएपछि, त्यस व्यक्तिले उसको आँखामा माटोको अनुभूति गर्‍यो र उसमा चङ्गाइ प्राप्त गर्ने विश्वास आयो । थोरै मात्र विश्वास भएको त्यस अन्धोमा थप विश्वास हालिदिनुभएपछि येशूले उहाँको शक्तिद्वारा उसको आँखा खोलिदिनुभयो ।

येश ूले भन्न ुभएको छ, "तिमीहरू चिन्ह र अचम्मका कामहरू नदेखेसम्म क ुनै रीतिले विश्वास गर्दैनौ" (य ूहन्ना ४:४८) । आज चिन्ह र आश्चर्यकर्महरू विना मानिसहरूलाई बाइबलका वचनहरूप्रति विश्वास दिलाउन ु असम्भव जस्तै छ । विज्ञान र मानव ज्ञानब ुद्धिले एकदमै उन्नति हासिल गरेको आजको य ुगमा, अद ृश्य परमेश्वरमा विश्वास गर्ने आत्मिक विश्वास धारण गर्न ु एकदमै कठिन छ । "देखेको क ुरालाई मात्र विश्वास गर्न सकिन्छ" भन्ने भनाइ हामी प्रायजसो स ुन्ने गर्दछौं । त्यसैगरी, जीवित परमेश्वरका सद ृश्य प्रमाणहरू देखेपछि मात्र मानिसहरूको विश्वास व ृद्धि ह ुने र द ूतगतिमा चङ्गाइका कार्यहरू ह ुने भएको ले गर्दा "चिन्ह र आश्चर्यकर्महरू" एकदमै अपरिहार्य छन् ।

३. परमेश्वरको शक्तिद्वारा लङ्गडो निको भएको

जसरी येश ूले राज्यको स ुसमाचार प्रचार गर्न ुभयो र सबै प्रकारका रोगबिमार र शारीरिक द ुर्बलताहरू निको पार्न ुभयो, त्यसरी नै उहाँका चेलाहरूले पनि परमेश्वरको शक्ति प्रकट गर्न ुभयो ।

जब पत्र ुसले भीख माग्न बसेको लङ्गडोलाई "नासरतका येश ू ख्रीष्टको नाउँमा हिँड ्" भन्ने आज्ञा दिन ुभएर त्यसको दाहिने हात समाती उठाउन ु भयो, तब त ुरुन्तै उसका ख ुट्टाहरू र गोलीगाँठामा ताकत आयो र ऊ खडा भई हिँड ्न र उफ्रन थाल्यो (प्रेरित ३:६-१०) । जब मानिसहरूले पत्र ुसबाट प्रकट भएका परमेश्वरका शक्तिका उदेकका चिन्ह र आश्चर्यकर्महरू देखे तब थ ुप्रै मानिसहरूले प्रभ ुमा विश्वास गरे । यहाँसम्म कि पत्र ुस हिँड ्न ुहँ ुदा उहाँको छाया बिरामीहरूमाथि परोस् भनी मानिसहरू बिरामीहरूलाई उहाँ हिँड ्ने सडक-सडकमा ओछ्र ्यान र खाटहरूमा स ुताइराख्थे । यरूशलेमका

वरिपरिका शहरहरूबाट पनि धेरै मानिसहरूले बिरामीहरू र अशुद्ध आत्माले सताएकाहरूलाई लिएर आउँथे र ती सबै निको हुन्थे (प्रेरित ५:१४-१६)।

प्रेरित ८:५-८ मा हामी पाउँदछौं कि, "फिलिपचाहिँ सामरियाको एउटा शहरमा गएर तिनीहरूलाई ख्रीष्ट प्रचार गरे। फिलिपले भनेका वचन सुनेर अनि तिनले गरेका चिन्हहरू देखेर, भीडले एक मनका भई तिनका कुरामा ध्यान दिए। किनकि धेरै जनाबाट अशुद्ध आत्माहरू ठूलो सोरले चिच्च्याउँदै निस्कन लागे, र धेरै जना पक्षाघातका रोगीहरू र लङ्गडाहरू पनि निको पारिए। यसरी त्यस सहरमा ज्यादै आनन्द भयो" (प्रेरित ८:५-८)।

प्रेरित १४:८-१२ मा, हामी जन्मैको एक लङ्गडाको घटना पाउँदछौं। प्रेरित पावलको सन्देश सुनी मुक्ति प्राप्त गर्ने विश्वास धारण गरेपछि, जब पावलले उसलाई "तेरा खुट्टाको भरमा सीधा उभी" भनी भन्नुभयो, तब तुरुन्तै ऊ खडा भयो अनि हिँड्न र उफ्रन थाल्यो। त्यो देखेर भीडले "देवहरू मान्छेको रूपमा हामीकहाँ ओर्लेर आएछन्" भन्न थाले।

प्रेरित १९:११-१२ मा हामी पाउँदछौं कि, "परमेश्वरले पावलको हातबाट असाधारण आश्चर्य कामहरू गर्नुभयो, यहाँसम्म कि रूमाल अथवा पछ्यौरा तिनको शरीरमा छुवाएर बिरामीहरूकहाँ लगिन्थे, र तिनीहरूका शरीरबाट रोग जान्थे र दुष्टात्मा पनि निस्कन्थे।" परमेश्वरको शक्ति कति उदेकको र अद्भुत छ!

पत्रुस, पावल, डिकन फिलिप र स्तिफनस जस्तै पवित्रीकरण पूरा गर्नुभएका र सिद्ध प्रेम धारण गर्नुभएकाहरू मार्फत् आज पनि परमेश्वरको शक्ति प्रकट भइरहेको छ। जब मानिसहरू रोग तथा दुर्बलताहरूबाट निको हुनेछु भन्ने विश्वासका साथ परमेश्वरको सामु आउँछन्, तब परमेश्वरका

शक्तिका कार्यहरू पकट गर्न ु ह ु ने उहाँका जनहरूका पार्थनाद्वारा तिनीहरूले चङ्गाइ पाप्त गर्ने छन् ।

मानमिनको स्थापनाकालदेखि, जीवित परमेश्वरले मलाई थ ु पै उदेकका चिन्ह तथा आश्चर्यकर्महरू पकट गर्न, सदस्यहरूको हृदयमा विश्वास हिलिदिन र जाग ृति ल्याउन अन ु मति दिन ु भएको छ ।

एकजना महिला आफ्नो पियक्कड श्रीमान् द्वारा पताडित ह ु न ु ह ु न्थ्यो । जब उहाँको आँखाका नशाहरूले काम गर्न छाडे र उपचारमा संलग्न चिकित्सकहरूले पनि हार माने, तब मानमिनको बारेमा स ु न्न ु भएर उहाँ यहाँ आउन ु भयो । आराधना सेवाहरूमा हार्दिकताप ू र्वक सहभागी हँ ु दै र चङ्गाइको निम्ति उत्कठ पार्थना गर्दै, उहाँले मेरो पार्थना गहण गर्न ु भयो र फेरि देख्न सक्ने ह ु न ु भयो । काम नलाग्ने भइसकेका उहाँका आँखाका नशाहरू परमेश्वरको शक्तिद्वारा फेरि सञ्चालनमा आए ।

अर्को एकजना व्यक्ति मेरुदण्डको हड्डी आठ ठाउँमा भाँचिएर गम्भीर रूपले चोट गस्त ह ु न ु ह ु न्थ्यो । शरीरको तल्लो भागमा पक्षाघात भएकोले गर्दा, उहाँका द ु वै ख ु ट्टाहरू काट् न ु पर्ने भएको थियो । येश ू ख्रीष्टलाई गहण गरे पश्चात् उहाँको ख ु ट्टा काट् न ु परेन, तरैपनि उहाँ बैशाखीको साहरामा ह ु न ु ह ु न्थ्यो । त्यसपछि, उहाँ मानमिन पार्थना केन्द्रका सभाहरूमा सहभागी ह ु न थाल्न ु भयो र केही समयपछि श ु क्रबारको रात्री आराधना सेवा दौरान मेरो पार्थना गहण गरेपछि, उहाँले बैशाखीहरू फाल्न ु भयो, उभिएर हिँड् न थाल्न ु भयो र स ु समाचार पचारक बन्न ु भयो ।

औषधि विज्ञानले समेत निको पार्न नसकेका द ु र्बलताहरूलाई परमेश्वरको

शक्तिले प ूर्ण रूपमा निको पार्न सक्छ। य ूहन्ना १६:२३ मा, येश ूले हामीसित पतिज्ञा गर्न ुभएको छ, “त्यो दिन तिमीहरूले मलाई केही सोध्नेछैनौ । साँच्चै म तिमीहरूलाई भन्दछ ु, तिमीहरूले मेरो नाउँमा पितासँग जे माग्छौ, उहाँले त्यो तिमीहरूलाई दिन ुह ुनेछ।” तपाईंहरूले परमेश्वरको उदेकको शक्तिमा विश्वास गर्न ुभएको होस ्, उहाँको शक्तिको हार्दिकताप ूर्वक खोजी गर्न ुभएको होस ्, सबै पकारका रोगबिमारहरूबाट चङ्गाइ पाप्त गर्न ुभएको होस ् र जीवित तथा सर्वशक्तिमान ् परमेश्वरको स ुसमाचार पचार गर्ने द ूत बन्न ुभएको होस ् भनी हामा पभ ुको नाउँमा म पार्थना गर्दछ ु!

अध्याय ६

भूतात्मा लागेकाहरूलाई निको पार्ने उपाय

अनि जब उहाँ (येशू) घरमा जानुभयो तब उहाँका चेलाहरूले गुप्तमा उहाँलाई यसो भनी सोधे, "हामीले त्यसलाई किन निकाल्न सकेनौं ?" उहाँले तिनीहरूलाई भन्नुभयो, "यस किसिमको चाहिँ पार्थनाले बाहेक अरू कुनै उपायले धपाउन सकिँदैन"

(मर्कूस ९:२८-२९) ।

अन्त्यको दिनमा प्रेम सेलाएर जानेछ

आध ुनिक वैज्ञानिक सभ्यता र औद्योगिक क्षेत्रको विकासले भौतिक सम्व ृद्धि ल्याएको छ र मानिसहरूलाई अभm बढी स ुविधा र लाभ प ुर्‍याएको छ। यसका साथै यी द ुइ तत्वहरूले विभाजन, स्वार्थ, धोखा र मानिसहरूबीच हीन्ताबोधको भावना समेत उत्पन्न गराएको छ र प्रेम सेलाउँदै जाँदा समभmदारी र क्षमाशीलता फेला पार्न ु भनेको द ुर्लभ क ुरा जस्तै भएको छ।

"द ुष्टता बढेको ह ुनाले धेरैको प्रेम सेलाएर जानेछ" भनी मत्ती २४:१२ मा अगमवाणी भएभmैं द ुष्टता बढ्दै गई प्रेम सेलाउँदै गएको आजको वर्तमान समयमा स्नाय ू प्रणाली सम्बन्धी समस्याहरू तथा मानसिक रोगबाट ग्रसित मानिसहरूको संख्या पनि व ृद्धि हँ ुदै गइरहेको छ।

उचित उपचार पत्ता लाग्न नसक्दा मानसिक अशक्तता भएका थ ुप्रै बिरामीहरूलाई मानसिक संघसंस्थाहरूले त्यत्तिकै छोडिदिएका छन्। लामो समयसम्मको उपचार पश्चात् पनि अवस्थामा क ुनै स ुधार नहँ ुदा, परिवारका सदस्यहरू थकित बन्दछन् र कतिपय अवस्थामा त बिरामीहरूलाई अनाथलाई जस्तै बेवास्ता गर्ने वा त्याग्ने गर्दछन्। परिवारका सदस्यहरूबाट अलग्गिएका ती अशक्तहरू सामान्य मानिसहरूले जस्तै जीवन जिउन सक्दैनन्। तिनीहरूलाई अभm बढी साँचो प्रेमको आवश्यकता भएतापनि, तिनीहरूलाई साँचो प्रेम गर्ने मानिसहरू कमै ह ुँदछन्।

येश ूले भ ूतात्मा लागेका मानिसहरूलाई निको पार्न ु भएका थ ुप्रै घटनाहरू बाइबलमा हामी पाउँदछौं। ती घटनाहरूलाई धर्मशास्त्रमा उल्लेख गरिन ुको कारण के हो त ? अन्त्यको दिन नजीकिँदै जाँदा, प्रेम सेलाएर जानेछ र मानिसहरूमा मानसिक समस्याहरू ल्याई शैतानले मानिसहरूलाई सतावट दिनेछ र त्यसको सन्तान त ुल्याउने छ। त्यसले सतावट दिनेछ, रोगबिमार निम्त्याउनेछ र मानिसहरूको समभmलाई भ्रमित त ुल्याई पाप र द ुष्टताद्वारा

कलंकित तुल्याउने छ। समाजमा पाप र दुष्टता व्याप्त हुँदैजाँदा मानिसहरू एकअर्कासित वैरभाव राख्नेछन्, लड्ने छन्, घृणा गरी एकअर्काको हत्या समेत गर्नेछन्। अन्त्यको दिन नजीकिँदै जाँदा ख्रीष्टियनहरू भने सत्य असत्य पहिचान गर्न सक्ने, विश्वासलाई जोगाइ राख्न सक्ने र शारीरिक तथा मानसिक रूपमा स्वस्थ जीवन जिउन सक्ने हुनु पर्दछ।

शैतानले हामीलाई उक्साउने र कष्ट दिने कारण, वैज्ञानिक सभ्यता यति धेरै वृद्धि भएको आधुनिक समाजमा पनि शैतान र भूतहरूद्वारा सताइएका मानिसहरू र मानसिक रोगहरूबाट पीडित हुनेहरूको संख्या वृद्धि हुनुको कारणलाई हामी हेरौं।

शैतानको वशमा पर्ने प्रक्रिया

सबै मानिसहरूमा विवेक हुँदछ र प्राय जसो मानिसहरू तिनीहरूको विवेक अनुसार नै व्यवहार गर्ने र जिउने गर्दछन्, यद्यपि हरेकको विवेकको मानक र त्यसबाट आउने परिणाम भने एक अर्का देखि फरक हुँदछ। किनभने हरेक व्यक्ति फरकफरक वातावरण र परिस्थितिहरूमा जन्मेको र हुर्केको हुँदछ र तिनीहरूले आफ्ना आमाबाबु, घर र विद्यालयबाट विभिन्न कुराहरू देखेका, सुनेका र सिकेका हुन्छन् र विभिन्न प्रकारका जानकारीहरू आफूमा लिएका हुन्छन्।

अर्कोतिर, परमेश्वरको सत्य वचनले, "खराबीबाट पराजित नहोओ, तर खराबीलाई भलाइले जित" (रोमी १२:२१) भन्दै हामीलाई "दुष्टको मुकाबिला नगर। जसले तिम्रो दाहिने गाला चड्काउला, त्यसलाई अर्को गाला पनि थापिदेऊ" (मत्ती ५:३९) भनी सिकाउँदछ। वचनले प्रेम र क्षमादानको बारेमा सिकाउने भएकोले गर्दा, त्यसमा विश्वास गर्नेहरूमा "हार्नु नै जित्नु हो" भन्ने न्यायको मानक विकसित भएको हुँदछ। अर्कोतिर, यदि कसैले प्रहार गर्छ भने त्यसको प्रतिकार

गर्नुपर्दछ भनी सिकेकाहरूमा भने, प्रतिकार गर्नु साहसीलो कार्य हो र त्यसलाई चुपचाप सहनु काँतरपना हो, भन्ने न्यायको मानक विकसित भएको हुँदछ। हरेक व्यक्तिको विवेकलाई एकअर्कादेखि भिन्न बनाउने कार्य - प्रत्येक व्यक्तिको न्यायको मानक, सो व्यक्तिले कस्तो जीवन जिएको छ (धार्मिक कि अधार्मिक) र उसले संसारसित कति मात्रामा सम्झौता गरेको छ - यी तीन तत्वहरूले निर्धारण गर्दछ।

मानिसहरूले फरक जीवन जिएको र तिनीहरूका विवेकहरू एकअर्कादेखि भिन्न भएकोले गर्दा, त्यसलाई प्रयोग गरी शैतानले मानिसहरूमा दुष्ट सोचाइहरू हालिदिई पाप गर्न उक्साई, तिनीहरूलाई धार्मिकता र भलाइको विपरितमा रहेको पापमय स्वभावलाई पछ्याउँदै जीवन जिउन बहकाउँछ।

मानिसहरूको हृदयमा परमेश्वरको वचनअनुसार जिउन चाहने पवित्र आत्माको इच्छा र सांसारिक लालसाहरूको खोजी गर्दै जिउन लगाउने पापमय स्वभावका लालसा बीच द्वन्द्व भइरहन्छ। त्यही भएर गलाती ५:१६-१७ मा परमेश्वरले हामीलाई यसो भनी आज्ञा दिनुभएको छ, "तर म भन्दछु, पवित्र आत्माद्वारा हिँड, र पापमय स्वभावका लालसा पूरा नगर। किनकि पापमय स्वभावका लालसा पवित्र आत्माको विरुद्ध हुन्छन्, अनि पवित्र आत्माको इच्छा पापमय स्वभावको विरुद्ध। तिमी जे गर्न चाहन्छौ त्यसबाट तिमीहरूलाई रोक्नका निम्ति यीचाहिँ एक-अर्काको विरुद्धमा हुन्छन्।"

यदि हामी पवित्र आत्माको इच्छालाई पछ्याउँदै जीवन जिउँदछौं भने, हामीले परमेश्वरको राज्यमा उत्तराधिकार पाउनेछौं, तर यदि हामी पापमय स्वभावको लालसालाई पछ्याउँदै परमेश्वरको वचनबाट टाढिन्छौं भने, हामीले उहाँको राज्यमा उत्तराधिकार पाउने छैनौं। त्यही भएर गलाती ५:१९-२१ मा परमेश्वरले हामीलाई यसो भनी चेतावनी दिनुभएको छ :

पापमय स्वभावका कामहरू प्रत्यक्ष छन्, जो यी नै हुन् -

व्यभिचार, अपवित्रता, लम्पटपना, मूर्तिपूजा, मन्त्रतन्त्र, दुश्मनी, भैँभगडा, ईर्ष्या, क्रोध, स्वार्थीपन, फूट, गुटबन्दी, डाह, पियक्कडपन, मोजमज्जा र यस्तै अरू, जसका विषयमा म तिमीहरूलाई चेताउनी दिन्छु, र अघि पनि दिएकै हुँ। जस-जसले यस्ता कामहरू गर्दछन्, परमेश्वरका राज्यका हकदार बन्नेछैनन्।"

त्यसो भए, भूतात्माहरू मानिसहरूभित्र कसरी प्रवेश गर्दछन् त ?

यदि कुनै व्यक्तिको हृदय पापमय स्वभावले भरिएको छ भने, शैतानले सो व्यक्तिको सोचाइलाई प्रयोग गरी ऊभित्र पापमय स्वभावका लालसाहरू हालिदिन्छ। यदि उसले आफ्नो मनलाई नियन्त्रण गर्न नसकी पापमय स्वभावका लालसाहरूलाई पछ्याउँछ भने, पापप्रतिको संवेदनशीलता हराएर जानेछ र उसको हृदय झन् बढी दुष्टताले भरिनेछ। यस प्रकारका पापमय स्वभावका कार्यहरू थुप्रिँदै जान थालेपछि, अन्ततः उसले आफूलाई नियन्त्रण गर्न सक्ने छैन र शैतानको बहकाउमा परेर त्यसको इच्छा पालना गर्नेछ। यस्तो व्यक्तिलाई नै शैतानको "वशमा" भएको व्यक्ति भनिन्छ।

उदाहरणको लागि, मानौं एकजना अल्छी मानिस छ र उसलाई काम गर्न मन पर्दैन। ऊ आफ्नो समय पियक्कडपनमा बिताउन चाहन्छ। यस्तो मानिसलाई, शैतानले उक्साउनेछ र उसको मनलाई नियन्त्रण गर्नेछ, जसले गर्दा काम गर्नुबो झ ठानी ऊ पिएरै समय बिताउन थाल्दछ। साथै शैतानले उसलाई भलाइबाट पनि टाढा लैजान्छ, जीवनमा अघि बढ्ने सामर्थ्यलाई क्षीण तुल्याउँदछ र उसलाई एक असक्षम र निकम्मा व्यक्तिमा परिणत गरिदिन्छ।

शैतानको इच्छानुसार जीवन जिउँदै र कार्य गर्दै जाँदा ऊ शैतानबाट अलग्गिन सक्दैन। थपअझ, हृदयमा दुष्टता वृद्धि हुँदै गएको र स्वयम्लाई

अघिबाटै दुष्ट सोचाइहरूको अधीनमा राखेकोले गर्दा, हृदयलाई नियन्त्रण गर्नुको साटो ऊ उसलाई इच्छा लागे अनुसार चल्दछ। रिसाउने चाहना हुँदा ऊ रिसाउँदछ; झगडा गर्ने वा तर्कवितर्क गर्ने चाहना हुँदा ऊ धित मर्ने गरी झगडा वा तर्क वितर्क गर्दछ; पिउने चाहना हुँदा ऊ सम्भालिनै नसकिने गरी पिउँदछ। जब यस्ता कार्यहरू थुपिँदै जान्छन्, तब एउटा बिन्दूमा पुगेपछि उसले आफ्नो हृदय र सोचाइहरूलाई नियन्त्रण गर्न सक्दैन र सबै कुरा उसको इच्छा विपरित रहेको उसले महसुस गर्न थाल्दछ। त्यसपछि, ऊ भूतात्मा लागेको व्यक्ति बन्दछ।

भूतात्मा लाग्नुको कारण

मानिसहरू शैतानको बहकावमा परी अन्ततः भूतात्माको वशमा पर्नुपछाडि मुख्यतया दुइवटा कारणहरू रहेका छन्।

१. आमाबाबुहरू

यदि आमाबाबुहरूले परमेश्वरलाई त्यागेका छन्, परमेश्वरले एकदमै घृणा गर्नुहुने मूर्तिहरूलाई पुजेका छन् वा अत्याधिक मात्रामा दुष्टता गरेका छन् भने दुष्टात्माहरू तिनीहरूका छोराछोरीहरूभित्र प्रवेश गर्नेछन् र त्यो समस्या समाधान नभएको खण्डमा तिनीहरू भूतात्माहरूको वशमा पर्नेछन्। यस्तो अवस्थामा, आमाबुवाहरू परमेश्वरको सामु आउनुपर्दछ, आफ्ना पापहरूका निम्ति पूर्ण रूपमा पश्चात्ताप गर्नुपर्दछ, पाप मार्गहरूदेखि फर्कनुपर्दछ र छोराछोरीहरूको निम्ति परमेश्वरसित प्रार्थना गर्नुपर्दछ। त्यसपछि परमेश्वरले आमाबुवाहरूको हृदयलाई हेर्नुहुनेछ र अधार्मिकताको बन्धनलाई फुकालिदिनुभई चङ्गाइका कार्यहरू प्रकट गर्नुहुनेछ।

२. आफ्नै कारणले

आमाबुवाहरूका पापहरूको अलावा, मानिसहरू आफ्नै दुष्टता, घमण्ड र यस्ता अन्य असत्यताहरूका कारण भूतात्माको वशमा पर्दछन्। यस्तो अवस्थामा ती मानिसहरू आफैले प्रार्थना र पश्चात्ताप गर्न नसक्ने भएकोले गर्दा, परमेश्वरको शक्ति प्रकट गर्नुहुने उहाँको जनबाट यदि तिनीहरूले प्रार्थना ग्रहण गर्दछन् भने अधार्मिकताका बन्धनहरू खोलिनेछन्। भूतात्माहरू धपाइएर ऊ होसमा आइसकेपछि, पाप र दुष्टताले भरिएको उसको हृदयलाई सत्यताको हृदयमा परिवर्तन गर्नको लागि उसलाई परमेश्वरको वचन सिकाउनु पर्दछ।

तसर्थ, यदि परिवारको सदस्य वा नातेदारलाई भूतात्मा लागेको छ भने, परिवारका सदस्यहरूले त्यो व्यक्तिको साटोमा कसले प्रार्थना गर्ने हो सो निर्धारण गर्नुपर्दछ। किनभने भूतात्मा लागेको व्यक्तिको हृदय र मन भूतात्माहरूको नियन्त्रणमा हुने भएकोले गर्दा, ऊ आफ्नो इच्छानुसार केही पनि गर्न सक्दैन। ऊ नत प्रार्थना गर्न सक्छ, न सत्यको वचन सुन्न नै सक्छ; तसर्थ ऊ सत्यता अनुसार जिउन सक्दैन। त्यसकारण, भूतात्मा लागेको त्यस सदस्य विश्वासअनुसार जिउन सकेको होस् भनी समस्त परिवारले वा परिवारका सदस्यहरूमध्ये कुनै एकजनाले प्रेम र दयाका साथ उसको निम्ति प्रार्थना गरिदिनु पर्दछ। जब परमेश्वरले त्यस परिवारका सदस्यहरूको समर्पणता र प्रेम देख्नुहुन्छ, तब उहाँले चङ्गाइका कार्यहरू प्रकट गर्नुहुनेछ। येशूले हामीलाई आफ्ना छिमेकीहरूलाई आफैलाईभन्दैं प्रेम गर्न आज्ञा दिनुभएको छ (लूका १०:२७)। यदि हामी भूतात्मा लागेको आफ्नो परिवारको सदस्यलाई प्रेम गर्न र उसको निम्ति प्रार्थना गर्न सक्दैनौं भने आफ्ना छिमेकीलाई प्रेम गरेकाछौं भनी हामी कसरी भन्न सक्छौं ?

जब भूतात्मा लागेको व्यक्तिका परिवारका सदस्यहरू र मित्रहरूले कारण पत्ता लगाउनुभई, पश्चात्ताप गर्नुहुन्छ, परमेश्वरको शक्तिमा विश्वास

गर्नुभई प्रार्थना गर्नुहुन्छ, प्रेममा आफैलाई समर्पण गर्नुहुन्छ र तिनीहरूमा विश्वासको बीउ हालिदिनुहुन्छ, तब भूतात्माहरू भाग्नेछन् र उहाँहरूका प्रियजनहरू सत्यताको मानिसमा परिणत हुनेछन् र परमेश्वरले तिनीहरूलाई भूतात्माहरूदेखि रक्षा गर्नुहुनेछ ।

भूतात्मा लागेकाहरूलाई निको पार्ने उपाय

बाइबलका थुप्रै खण्डहरूमा भूतात्मा लागेका मानिसहरू निको भएका घटनाहरू उल्लेख गरिएका छन् । तिनीहरूले कसरी चङ्गाइ पाए भन्ने बारेमा अब हामी हेरौं ।

१. तपाईंले भूतात्माहरूलाई डाँट्नुपर्दछ

मर्कूस ५:१-२० मा हामी अशुद्ध आत्मा लागेको व्यक्तिको घटना पाउँदछौं । पद ३-४ ले त्यस व्यक्तिको बारेमा यसरी चित्रण गरेको छ, “त्यो चिहानहरू हुँदो बस्दथ्यो । कसैले पनि त्यसलाई साङ्लाले समेत बाँध्न सक्दैनथ्यो । किनकि त्यो धेरै पल्ट नेल र साङ्लाहरूले बाँधिएको थियो, र पनि त्यसले साङ्लाहरू टुक्रा-टुक्रा पारी छिनाल्थ्यो । कुनै मानिसले पनि त्यसलाई वशमा पार्न सकेको थिएन ।” थपअझ मर्कूस ५:५-७ ले भन्दछ, “त्यो रात र दिन सधैं चिहानहरू र डाँडाहरूमा कराउँदै आफूले आफैलाई ढुङ्गाले चिथोर्दै हिँड्थ्यो । अनि जब त्यसले येशूलाई टाढैबाट देख्यो तब दौडेर आयो, र उहाँलाई दण्डवत् गर्‍यो । अनि ठूलो सोरले चिच्च्याएर त्यसले भन्यो, ‘हे सर्वोच्च परमेश्वरका पुत्र येशू, तपाईंको मसँग के सरोकार ? म परमेश्वरमा शपथ खाएर तपाईंलाई बिन्ती गर्दछु, कि मलाई दुःख नदिनुहोस् ।’”

येशूले त्यसलाई “ए अशुद्ध आत्मा, त्यस मानिसबाट निस्किआइज” भनी

आज्ञा दिनुभएकोले गर्दा जवाफमा त्यसले त्यस्तो भनेको थियो । येशू परमेश्वरको पुत्र हुनुहुन्छ भन्ने कुरा मानिसहरूलाई थाहा नभएतापनि, अशुद्ध आत्माहरूलाई येशूको वास्तविकता र उहाँको शक्ति थाहा थियो भन्ने कुरा, यस घटनाले स्पष्ट पार्दछ ।

त्यसपछि येशूले त्यसलाई, “तेरो नाउँ के हो ?” भनी सोध्नुहुँदा, त्यस भूतात्मा लागेको व्यक्तिले, “मेरो नाउँ त फौज हो, किनकि हामी धेरै छौं” भनी उत्तर दियो । साथै ती भूतात्माहरूलाई त्यस इलाकाबाहिर ननिकालिदिनुहोस् भनी त्यसले उहाँलाई आग्रहपूर्वक बिन्ती गर्‍यो र पछि सुँगुरहरूकहाँ जान दिन अनुरोध गर्‍यो । येशूलाई थाहा नभएकोले गर्दा उहाँले त्यसको नाउँ सोध्नुभएको थिएन ; यो त न्यायाधीशको रूपमा उहाँले अशुद्ध आत्मालाई सोधपूछ गर्नुभएको थियो । थपअझ, “फौज” शब्दले थुप्रै भूतात्माहरूले त्यस मानिसलाई आफ्नो वशमा पारेको कुरा जनाउँदछ ।

येशूले “फौज” लाई सुँगुरहरूको बगालभित्र पस्ने अनुमति दिनुभयो र त्यो बगाल भीरबाट समुद्रतिर हुर्रिंदैगई समुद्रमा डुबेर मर्‍यो । यहाँ पानीले सत्यको वचनलाई जनाउँदछ र यसले भूतात्माहरू धपाउँदा हामीले सत्यको वचन प्रयोग गर्नुपर्दछ भन्ने अर्थ दिँदछ । कसैले पनि वशमा पार्न नसकेको त्यस भूत लागेको व्यक्ति पूर्ण रूपमा निको भई, ठीक मनको भएर लुगा लगाई बसिरहेको जब मानिसहरूले देखे, तब तिनीहरू एकदमै डराए ।

अहिलेको समयमा हामीले कसरी भूतात्माहरूलाई धपाउनुपर्दछ त ? त्यसको शक्ति क्षीण पार्नको लागि हामीले त्यसलाई येशू ख्रीष्टको नाउँमा पानी वा आगोमा धपाइदिनुपर्दछ, जसले क्रमशः वचन र पवित्र आत्मालाई जनाउँदछ । भूतात्माहरू आत्मिक प्राणी भएकोले गर्दा, त्यसलाई धपाउन सक्ने शक्ति भएको व्यक्तिले प्रार्थना गरिदिनुहुँदा त्यो निस्केर जानेछ । तर यदि विश्वास नभएको व्यक्तिले त्यसलाई निकाल्न प्रयत्न गर्दछ भने, त्यसले त्यस व्यक्तिलाई तुच्छ

ठान्नेछ वा त्यस व्यक्तिको खिस्सी गर्नेछ । तसर्थ, भ ूतात्मा लागेको व्यक्तिलाई निको पार्नको लागि, त्यसलाई धपाउन सक्ने शक्ति भएको परमेश्वरको जनले त्यस व्यक्तिको निम्ति पार्थना गरिदिन ु पर्दछ ।

यद्यपि, कहिलेकाहीँ परमेश्वरको जनले येश ू ख्रीष्टको नाउँमा भ ूतात्माहरूलाई धपाउन कोशिश गर्न ुभएतापनि ती निस्केर जाँदैनन ्। कारण ती भ ूतात्मा लागेका व्यक्तिहरूले ईश्वर निन्दा गरेका वा पवित्र आत्माको विरुद्धमा बोलेका हँ ुदछन ् (मत्ती १२:३१; ल ूका १२:१०) । सत्यको ज्ञान जानेर पनि यदि जानीजानी पाप गरिरहन्छ भने यस्ता व्यक्तिहरूमा चङ्गाइको कार्य पकट ह ुन सक्दैन (हिब ू १०:२६) ।

थपअभ्क, हिब ू ६:४-६ मा हामी यस्तो लेखिएको पाउँदछौं, "किनकि तिनीहरू, जसले एक चोटि ज्योति पाएर स्वर्गीय वरदान चाखेका छन ्, र पवित्र आत्माका सहभागी भएका छन ्, र परमेश्वरको उत्तम वचनको र आउने य ुगका शक्तिको स्वाद चाखेका छन ्, त्यसपछि पनि विश्वास त्याग गरी तिनीहरू पतित भए भने ता तिनीहरूलाई पश्चात्ताप गर्ने स्थितिमा फेरि ल्याउन ु असम्भव छ । किनभने तिनीहरूले आफ्नै खातिर परमेश्वरका प ुत्रलाई फेरि क्र ूसमा टाँग्छन ्, र ख ुल्लमख ुल्ला उहाँको अपमान गर्छन ्।"

अब हामीलाई यी क ुराहरू थाहा भएकोले गर्दा, पापहरू गर्नबाट आफैलाई रोक्नको लागि, हामीले स्वयम ्लाई लगाम लगाउन ु पर्दछ । यसका साथै भ ूतात्मा लागेको व्यक्ति पार्थनाद्वारा निको ह ुन सक्छ कि सक्दैन भन्ने क ुरा पनि हामीले सत्यताद्वारा छ ुटचाउन सक्न ु पर्दछ ।

२. तपाईंले सत्यताद्वारा आफ ूलाई भन ्ु पर्दछ

भ ूतात्मा शरीरबाट निस्किसकेपछि, उसले हार्दिकताप ूर्वक परमेश्वरको वचन पढ ्दै, स्त ुति पशंसा र पार्थना गर्दै आफ्नो हृदयलाई जीवन र

सत्यताले भर्नु पर्दछ । भूतात्मा धपाइसकेपछि पनि, यदि त्यो व्यक्ति सत्यता धारण गर्न छोडेर पापमा नै जिइरहन्छ भने, त्यस धपाईएको भूतात्माले अरू दुष्ट भूतात्माहरूलाई साथमा लिई त्यस मानिसभित्र प्रवेश गर्नेछ । अनि त्यस व्यक्तिको अवस्था पहिलेको भन्दा झन् बढी खराब हुनेछ ।

मत्ती १२:४३-४५ मा, येशूले हामीलाई यसरी भन्नुभएको छ :

> जब अशुद्ध आत्मा मानिसबाट निस्केर जान्छ, त्यो विश्राम खोज्दै ओबानो ठाउँतिर डुलिहिँड्छ, तर कतै पाउँदैन । तब त्यसले भन्छ, 'जहाँबाट म निस्केर आएँ, त्यहीँ आफ्नो घरमा म फर्किजानेछु ।' फर्किआउँदा त्यसले घर रित्तो, सफा गरिराखेको, र सजिएको भेट्टाउँछ । तब त्यो जान्छ र आफूभन्दा बढी दुष्ट अरू सात वटा भूतात्मा आफूसँग ल्याउँछ, र भित्र पसेर तिनीहरू त्यहाँ वास गर्छन्, र त्यस मानिसको पछिल्लो दशा अघिल्लोभन्दा अझ नराम्रो हुन्छ । यस दुष्ट पुस्तालाई पनि त्यस्तै हुनेछ ।

भूतात्मा धपाउँदा हामी एकदमै सावधान हुनुपर्दछ । थपअझ, भूतात्मा धपाइसकेपछि, त्यस व्यक्तिलाई पहिलेको भन्दा अझ बढी प्रेम र हेरचाहको आवश्यकता छ भन्ने कुरा उसका परिवारका सदस्यहरू र मित्रहरूले बुझ्नुपर्दछ । ऊ पूर्ण रूपमा निको नहोउन्जेलसम्म तिनीहरूले उसलाई प्रेम र लगनका साथ हेरचाह गर्नुपर्दछ र सत्यताद्वारा उसलाई भर्नुपर्दछ ।

विश्वास गर्नेको लागि त सबै कुरा सम्भव छ

मर्कूस ९:१७-२७ मा येशूले एक बाबुको विश्वास देख्नुभई दुष्टात्माको कारण गूँगो र बहिरो भएको र छारे रोगले पीडित तिनको छोरालाई निको

पार्नु भएको घटना उल्लेख गरिएको छ। तिनको छोराले कसरी चङ्गाइ प्राप्त गर्न सक्यो भन्ने बारे हामी संक्षेपमा हेरौं।

१. परिवारका सदस्यहरूले विश्वास देखाउनु पर्दछ।

मर्कूस ९ अध्यायमा उल्लेख गरिएको त्यो केटो भूतात्माको कारण जन्मै देखि बहिरो र गूँगो थियो । शब्दहरू नबुझ्ने भएकोले गर्दा उसित सञ्चार गर्नु असम्भव थियो । थपअथ कुन बेला छारे रोगले छोप्ने हो यकिन गर्न मुश्किल थियो । तसर्थ उसको बाबु, जीवनप्रति आशाहीन भई सधैँभरि डर र कष्टमा बाँचिरहेका थिए।

त्यही बेला, तिनले गालीलबाट आउनुभएको एकजना व्यक्तिको बारेमा सुने जसले मृतकहरूलाई पुनर्जीवित पार्ने र हरप्रकारका रोगहरू निको पाने उदेकका कार्यहरू गरिरहनु भएको थियो । तिनको निराशामा आशाको प्रकाश चम्कन थाल्यो । यदि ती कुराहरू सही हुन् भने, गालीलबाट आउनुभएको त्यस व्यक्तिले तिनको छोरालाई निको पार्न सक्नुहुन्छ भनी त्यस बाबुले विश्वास गरे । भाग्यले साथ दिन्छ कि भनी तिनले आफ्नो छोरोलाई येशूको सामु ल्याए र उहाँसित यसो भनी बिन्ती गरे, "यदि तपाईंले केही गर्न सक्नुहुन्छ भने, दया गरी हामीलाई मद्दत गरिदिनुहोस्!" (मर्कूस ९:२२)

बाबुको हार्दिक अनुरोध सुन्नुभएपछि येशूले, "'तपाईंले सक्नुहुन्छ!' भनी के भनेको ? विश्वास गर्नेको लागि त सबै कुरा सम्भव छ" भन्नुहुँदै बाबुलाई तिनको अल्प विश्वासको निम्ति हप्काउनुभयो । तिनले चिन्ह र आश्चर्यकर्महरूको बारेमा सुनेको भएतापनि, तिनले त्यसलाई हृदयदेखि पूर्ण रूपमा विश्वास भने गरेका थिएनन् । येशू परमेश्वरको पुत्र हुनुहुन्छ र उहाँ स्वयम् सर्वशक्तिमान् र सत्य हुनुहुन्छ भन्ने तथ्य तिनलाई थाहा भएको भए, "यदि तपाईंले सक्नुहुन्छ" भन्ने शब्द तिनले कदापि प्रयोग गर्ने थिएनन्

। विश्वास विना परमेश्वरलाई प्रसन्न पार्नु र उहाँबाट उत्तरहरू प्राप्त गर्नु असम्भव छ भन्ने कुरा हामीलाई बुझाउनको लागि, येशूले त्यस बाबुलाई तिनको "अल्प विश्वास" को निम्ति हप्काउनुहँुदा, "'तपाईंले सक्नुहुन्छ !' भनी के भनेको ?" भनी भन्नुभयो ।

सामान्यतया विश्वासलाई दुइ प्रकारमा वर्गिकरण गर्न सकिन्छ । देखेका कुराहरूमा मात्र विश्वास गर्नु, "शारीरिक विश्वास" वा "ज्ञानरूपी विश्वास" हो भने, नदेखेतापनि विश्वास गर्नु चाहिँ "आत्मिक विश्वास," "साँचो विश्वास," "जीवित विश्वास," वा "कार्य सहितको विश्वास" हो । यस प्रकारको विश्वासद्वारा सबै कुरा सम्भव हुन्छन् । बाइबल अनुसार "विश्वास" चाहिँ "आशा राखिएका कुराको निश्चय र नदेखिएका कुराको दृढ भरोसा हो" (हिब्रू ११:१) ।

मानवीय क्षमताद्वारा निको पार्न सकिने रोग बिमारहरूबाट ग्रसित भएको व्यक्तिले, यदि विश्वास देखाउनुहुन्छ र पवित्र आत्माद्वारा भरिनुहुन्छ भने, पवित्र आत्माको आगोले उहाँको रोगबिमारलाई जलाएर नष्ट गर्नेछ र उहाँले चङ्गाइ पाउन सक्नुहुनेछ । यदि भर्खरै विश्वासमा आउनु भएकाहरू बिरामी पर्नुहुन्छ भने, हृदय खोल्नुभई, वचन सुन्नुभएर विश्वास देखाउनु भएको खण्डमा उहाँहरूले चङ्गाइ प्राप्त गर्न सक्नुहुनेछ । विश्वासमा परिपक्व हुनुभएका विश्वासीहरू बिरामी पर्नुभएको खण्डमा पश्चात्ताप गर्नुभई त्यसबाट फर्कनु भएको खण्डमा उहाँहरूले चङ्गाइ प्राप्त गर्न सक्नुहुनेछ ।

यदि कुनै व्यक्ति चिकित्सा विज्ञानद्वारा निको पार्न नसकिने रोगबिमारहरूबाट ग्रसित छ भने, उसले अझ ठूलो विश्वास देखाउनु पर्दछ । विश्वासमा परिपक्व हुनुभएका विश्वासीहरू बिरामी पर्नुभएको खण्डमा, उहाँहरूले आफ्नो हृदय तोडेर पश्चात्ताप गर्नुभई उत्कटताका साथ प्रार्थना गर्नुभएमा चङ्गाइ प्राप्त गर्न सक्नुहुनेछ । यदि थोरैमात्र विश्वास भएका वा विश्वास नै नभएका मानिसहरू बिरामी पर्दछन् भने, तिनीहरूलाई माथिबाट विश्वास नदिउञ्जेलसम्म चङ्गाइ प्राप्त गर्न सक्दैनन् र तिनीहरूको विश्वास जतिमात्रामा

वृद्धि हुँदै जान्छ सो अनुसार नै चङ्गाइका कार्यहरू प्रकट हुनेछन् ।

शारीरिक असमर्थता भएकाहरू, अङ्ग-भङ्ग भएकाहरू र वंशाणुगत रोगबिमार लागेकाहरू परमेश्वरको शक्तिद्वारा मात्र निको हुन सक्छन् । तसर्थ परमेश्वरलाई प्रेम गर्न र उहाँलाई प्रसन्न तुल्याउन तिनीहरूले समर्पणता र विश्वास देखाउनु पर्दछ । त्यसपछि मात्र परमेश्वरले तिनीहरूको विश्वासलाई मान्यता दिनुहुनेछ र चङ्गाइका कार्यहरू प्रकट गर्नुहुनेछ । जब मानिसहरू तिनीहरूको उत्कट विश्वास परमेश्वरलाई देखाउँदछन् - जस्तो कि बारतिमैले उत्कटताका साथ येशूलाई पुकारा गर्नुभएको (मर्कूस १०:४६-५२), कप्तानले येशू समक्ष उहाँको ठूलो विश्वास देखाउनुभएको (मत्ती ८:५-१३) र पक्षाघाती र उहाँका चार जना मित्रहरूले विश्वास र समर्पणता देखाउनुभएको (मर्कूस २:३-१२) - तब परमेश्वरले तिनीहरूलाई निको पार्नुहुनेछ ।

त्यसरी नै, भूतात्मा लागेकाहरू परमेश्वरको कार्य विना निको हुन सक्दैनन् र तिनीहरू आफैले विश्वास पनि देखाउन सक्दैनन्, तसर्थ तिनीहरूमाथि स्वर्गबाट चङ्गाइको वृष्टि ल्याउनको लागि, तिनको परिवारका अन्य सदस्यहरूले सर्वशक्तिमान् परमेश्वरमा विश्वास गर्नुपर्छ र उहाँको सामु आउनुपर्छ ।

२. तिनीहरूमा विश्वास गर्न सक्ने विश्वास हुनुपर्दछ

येशूले अन्ततः भूतात्माद्वारा पीडित छोराको बाबुलाई तिनको अल्प विश्वासको निम्ति हप्काउनुभयो । जब येशूले निश्चितताका साथ तिनलाई, "विश्वास गर्नेको लागि त सबै कुरा सम्भव छ" भन्नी भन्नुभयो, तब तिनले "म विश्वास गर्दछु" भन्दै सकारात्मक स्वीकारोक्ति दिए । यद्यपि, तिनको विश्वास ज्ञानमा नै सीमित थियो । त्यही भएर त्यस बाबुले यसो भन्दै येशूसित बिन्ती गरे, "मेरो अविश्वासमा मलाई सहायता गर्नुहोस्" (मर्कूस ९:२४) । त्यस बाबुको साँचो हृदय, उत्कट प्रार्थना र विश्वास जान्नुहुने ये

शूले तिनको हार्दिक अनुरोध सुन्नुभएपछि, उहाँले तिनमा विश्वास गर्न सक्ने विश्वास हालिदिनुभयो ।

त्यसरी नै, परमेश्वरलाई पुकार्दा हामीमा विश्वास गर्न सक्ने विश्वास आउँदछ र यस विश्वासद्वारा, हामीले हाम्रा समस्याहरूका उत्तरहरू पाउनेछौं र "असम्भव कुराहरू" पनि "सम्भव" हुनेछन् ।

त्यस छोराका बाबुले विश्वास गर्न सक्ने विश्वास प्राप्त गरेपछि, येशूले "ए गूँगो र बहिरो आत्मा, म तँलाई हुकुम गर्दछु, त्यसबाट निस्केर आइज, र फेरि कहिल्यै त्यसभित्र नपस्," भनी भन्नुहुँदा त्यो दुष्टात्मा चिच्च्याउँदै छोराको शरीरबाट निस्क्यो (मर्कूस ९:२५-२७) । तिनले विश्वास गर्न सक्ने विश्वासको निम्ति विन्ती गरेको र परमेश्वरको मध्यस्थताको चाहना गरेको हुनाले -तिनलाई हप्काउनुभएतापनि- येशूले तिनको खातिर चङ्गाइको उदेकको कार्य प्रकट गर्नुभयो ।

अशुद्ध आत्माको कारण गूँगो भएको र छारे रोगको कारण पछारिने, फीँज काढ्ने, दाह्रा किट्ने र अरट्ठ हुने जस्ता लक्षणहरू भएको त्यस केटोलाई त येशूले निको पार्नुभयो भने, सबै कुरालाई सम्भव तुल्याउने परमेश्वरको शक्तिमा विश्वास गर्नुहुने र उहाँका वचन अनुसार जिउनुहुनेहरूलाई के उहाँ सबै थोकहरूमा उन्नतशील र स्वस्थ तुल्याउनुहुन्न र ?

मानमिन चर्चको स्थापना लगत्तै, चर्चको बारेमा सुन्नुभएर गाङ्ग-वोन प्रान्तबाट एकजना भाइ हाम्रो चर्चमा आउनुभएको थियो। उहाँ सण्डे स्कूलको शिक्षक र संगीत समूहको सदस्य हुनुहुन्थ्यो र उहाँ आफूले परमेश्वरमा विश्वासयोग्य भई काम गरिरहेको छु भनी सोच्नुभएको थियो । यद्यपि, उहाँमा एकदमै घमण्ड भएकोले र हृदयबाट दुष्टताहरू त्याग्नुको साटो पाप भाण्डार गर्दै गएकोले, भूतात्मा उहाँभित्र प्रवेश गर्‍यो र उहाँलाई दुःख दिन थाल्यो । उहाँको बुवाको उत्कट प्रार्थना र समर्पणताको कारण चङ्गाइको कार्य प्रकट

भयो । भ ूतात्माको पहिचान भएर पार्थनाद्वारा त्यसलाई धपाएपछि, त्यो भाइले फीँज काढ ्न ुभयो, उत्तानो पर्न ुभयो र त्यहाँ द ुर्गन्ध आयो । यस घटनापछि, त्यस भाइको जीवन परिवर्तन भयो र मानमिनमा उहाँले स्वयम ्लाई सत्यताद्वार ा स ुसज्जित गर्न ुभयो । अहिले उहाँ गाङ्ग-वोनमा उहाँको प ुरानै चर्चमा फके र जान ुभई विश्वायसोग्य भएर सेवा गर्दै ह ुन ुह ुन्छ र उहाँले पाउन ुभएको चङ्गाइको अन ुग्रहको गवाही धेरै मानिसहरूसित बाँड ्च ूड गर्न ुभई परमेश्वर लाई महिमा दिँदैह ुन ुह ुन्छ ।

यसकारण परमेश्वरको कार्यको क्षेत्र असीमित छ र त्यो क्षेत्रमा सबै क ुराहरू सम्भव छन ् भन्ने क ुरा तपाईंले ब ुभ्न ु भएको होस ्, जसले गर्दा तपाईंले पार्थनामा माग्न ुह ुँदा, तपाईं परमेश्वरका आशिषित ् छोराछोरीहरू बन्न ुका साथै सबै क ुराहरूमा उन्नति हासिल गर्ने उहाँका पिय जनहरू बन्न ुभएको होस ् भनी पभ ुको नाउँमा म पार्थना गर्दछ ु !

अध्याय ७

कुष्ठरोगी नामानको विश्वास र आज्ञाकारिता

यसैले नामान आफ्ना घोडाहरू र रथहरूका साथमा गए, र एलीशाका घरको ढोकामा अडिए । एलीशाले उनलाई यसो भन्न एउटा समाचारवाहक पठाए, "तिमी आफै गएर यर्दन नदीमा सात पल्ट डुबुल्की मार, र तिम्रो मासु ज्यूँका त्यूँ हुनेछ, र तिमी शुद्ध हुनेछौ।" यसैले उनी तल ओर्ले र परमेश्वरका जनले भनेबमोजिम यर्दन नदीमा सात पल्ट स्वयम् डुबुल्की मारे, र उनको मासु ज्यूँका त्यूँ भयो, जवान केटाको जस्तै भयो

(२ राजा ५:९-१०; १४) ।

सेनापति नामान एक कुष्ठरोगी

हाम्रो जीवनकालभरि, हामी ठूला र साना समस्याहरूको सामना गर्दछौं । कति अवस्थामाचाहिँ हामी मानवीय क्षमताले नै नभ्याउने समस्याहरूको सामना गर्दछौं ।

इस्राएलको उत्तरमा अराम भन्ने देश थियो र त्यहाँ नामान नाउँ गरेको सेनापति हुनुहुन्थ्यो । उहाँले एकदमै जोखिमपूर्ण युद्धहरूमा अरामी सेनाहरूलाई विजय दिलाउनुभएको थियो । उहाँ आफ्नो देशलाई एकदमै प्रेम गर्नुहुन्थ्यो र आफ्नो राजाप्रति पनि एकदमै विश्वासयोग्य हुनुहुन्थ्यो । र राजाबाट उहाँले उच्च सम्मान पाउनुभएको भएतापनि, केही कुराको कारण उहाँ एकदमै पीडामा हुनुहुन्थ्यो ।

उहाँको पीडाको कारण के थियो त ? उहाँलाई रूपैयाँ पैसाको अभाव भएकोले गर्दा वा उहाँमा प्रतिष्ठा/मानसम्मानको चाहना भएकोले गर्दा उहाँलाई पीडा भएको थिएन । कुष्ठरोग लागेको कारण उहाँ पीडित र निराश हुनुहुन्थ्यो, जुन रोग त्यस समयमा औषधि उपचारद्वारा निको पार्न सकिँदैनथ्यो ।

नामानको समयमा कुष्ठरोगीहरूलाई अशुद्ध ठानिन्थ्यो । तिनीहरूलाई शहर बाहिर निर्जन स्थानमा बस्न बाध्य गराइन्थ्यो । नामानको पीडा अझ असहनीय थियो किनकि पीडाको साथै त्यस रोगको कारण अन्य समस्याहरू पनि थपिएका थिए । कुष्ठरोग लाग्दा शरीरका भागहरूमा अझ विशेषगरी अनुहार, हात खुट्टाहरू, पैतालाहरूमा सेता टाटा/दागहरू देखापर्दछन् र साथै ज्ञानेन्द्रियहरू क्षय हुँदछन् । परिस्थिति जटिल बन्दै जाँदा, आँखीभौं र हात तथा खुट्टाका नङ्गहरू भर्दछन् र मानिसको स्वरूप एकदमै भयानक देखिन्छ ।

यस्तो निको नहुने रोगबाट ग्रसित भई निराश हुनुभएको नामानले एक दिन एउटा शुभ समाचार सुन्नुभयो । इस्राएलबाट बन्दी बनाई ल्याइएकी एक जवान ठिटी जसले नामानकी पत्नीको सेवा गर्थी, तिनले सामरियामा बस्नुहुने

अगमवक्ताले नामानको कुष्ठरोगलाई निको पारिदिन सक्नुहुन्छ भनी आफ्नो मालिकनीलाई बताई दिइन् । उहाँमा चङ्गाइ प्राप्त गर्ने हार्दिक चाहना भएकोले गर्दा, उहाँले आफ्नो रोगको बारेमा र त्यस दासीबाट सुन्नुभएका सबै कुराहरू राजालाई बताई दिनुभयो । सामरियामा हुनुभएको अगमवक्तालाई भेटेको खण्डमा आफ्नो विश्वासयोग्य सेनापति निको हुनेछ भन्ने सुनेपछि राजाले एकदमै उत्सुकताका साथ नामानलाई सहायता गरे र नामानको खातिर तिनले इस्राएलको राजालाई पत्र पनि लेखे ।

नामान सत्तरी किलोग्राम सुन, तीन सय चालीस किलोग्राम चाँदी, दश जोर लुगा र अरामको राजाले "यो पत्रसाथै म तपाईंकहाँ मेरो दास नामानलाई पठाइरहेछु । तपाईंले त्यसको कुष्ठरोग निको पारिदिनुहोला" (पद ६) भनी इस्राएलको राजालाई लेखेको पत्र लिएर इस्राएल जानुभयो । त्यसबेला अराम इस्राएल भन्दा एकदमै शक्तिशाली थियो । अरामको राजाको पत्र पढेपछि, इस्राएलको राजाले आफ्नो लुगा च्याते र यसो भने, "के म परमेश्वर हुँ र ? मार्न र जिउँदो पार्न सक्छु र ? यस मानिसले किन त्यसको कुष्ठरोगबाट निको पार्न कसैलाई मकहाँ पठाउँछ ? हेर त, त्यसले मसित झगडाको निहुँ खोज्दैछ !"

जब अगमवक्ता एलीशाले यो कुरा सुन्नुभयो, तब उहाँले राजाकहाँ यसो भनी समाचार पठाउनुभयो, "तपाईंले किन आफ्ना लुगा च्यात्नुभयो ? मानिस यहाँ मकहाँ आओस्, र त्यसले इस्राएलमा एक जना अगमवक्ता रहेछन् भनी जान्नेछ" (पद ८) । इस्राएलको राजाले नामानलाई एलीशाको घरमा पठाइदिए र नामान त्यहाँ आइपुग्नुहुँदा एलीशाले एउटा समाचारवाहकलाई यसो भन्ने सन्देशका साथ पठाउनुभयो, "तिमी आफै गएर यर्दन नदीमा सात पल्ट डुबुल्की मार, र तिम्रो मासु ज्यूँका त्यूँ हुनेछ, र तिमी शुद्ध हुनेछौ" (पद १०) ।

नामान घोडा र रथहरूका साथ एलीशाको घरमा उहाँलाई भेट्न जानुभएको थियो, तर अगमवक्ताले नता उहाँलाई भेट्नुभयो न स्वागत सत्कार नै

गर्नुभयो, यस्तो अवस्थामा नामानले कति अपमानित महसुस गर्नुभयो होला ? उहाँ रिसाउनुभयो । इस्राएलभन्दा शक्तिशाली राष्ट्रको सेनापति भेट्न आउँदा, अगमवक्ताले शिष्टाचारपूर्वक स्वागत सत्कार गर्नुहुनेछ र उहाँमाथि हात राखी प्रार्थना गरिदिनुहुनेछ भनी नामानले सोच्नुभएको थियो । तर यसको विपरीत, अगमवक्ताले उहाँप्रति सत्कार भाव देखाउनु त परै जाओस्, उहाँलाई यर्दन जस्तो सानो र धमिलो पानी भएको नदीमा गएर डुबुल्की मार्न आज्ञा दिनुभयो ।

उहाँ, "मैले सोचेको थिएँ, तिनी बाहिर निस्किआएर परमप्रभु आफ्ना परमेश्वरको नाउँ पुकारेर मेरो रोग भएको ठाउँमाथि हात हल्लाएर मेरो कुष्ठरोग निको पारिदिनेछन् होला । के दमस्कसका अबाना र फारपर नदीहरू इस्राएलको कुनै पानीभन्दा असल छैनन् र ? के म तिनमा नै धोएर शुद्ध हुन सक्दिनँ र ?" (पद ११-१२) भन्दै रिसाउँदै त्यहाँबाट फर्कंदै हुनुहुन्थ्यो । त्यही बेला उहाँका नोकरहरूले उहाँसित यसो भनी बिन्ती गरे, "हे पिताज्यू, यदि अगमवक्ताले तपाईंलाई केही ठूलो कुरा गर्नुहोस् भनी भन्नुभएको भए के तपाईं गर्नुहुनेथिएन र ? उहाँले तपाईंलाई धोएर शुद्ध हुनुहोस् भन्नुभएकोमा तपाईंले भक्तन् किन नगर्ने ?" एलीशाले दिनुभएको आज्ञा पालना गर्न तिनीहरूले उहाँलाई कर गरे ।

एलीशाले आज्ञा दिनुभए अनुसार यर्दन नदीमा सात पल्ट डुबुल्की मारेपछि नामानलाई के भयो ? उहाँको मासु जवान केटाको जस्तै भयो । उहाँलाई एकदमै सताइरहेको कुष्ठरोगबाट उहाँ पूर्ण रूपमा निको हुनुभयो । मानिसले निको पार्न नसक्ने रोग परमेश्वरको जनको आज्ञा पालना गर्दा पूर्ण रूपमा निको भएको देख्दा, उहाँ जीवित परमेश्वर र परमेश्वरको जन एलीशाप्रति एकदमै आभारी हुनुभयो ।

जीवित परमेश्वर - कुष्ठरोग निको पार्नुहुने परमेश्वर - को शक्ति अनुभव गरेपछि नामान एलीशाकहाँ फर्केर जानुभयो र यसो भन्ने स्वीकारोक्ति

दिनुभई परमेश्वरलाई महिमा दिनुभया, “तब नामान र उनका नोकरहरू परमेश्वरका जनकहाँ फर्केर आए । उनी तिनको सामु खडा भएर भने, ‘अब मलाई थाहा भयो, कि इस्राएलमा बाहेक सारा संसारमा कुनै परमेश्वर हुनुहुन्न । कृपा गरी अब आफ्नो दासबाट केही उपहार लिनुहोस् ।’ ती अगमवक्ताले जवाफ दिए, ‘जीवित परमप्रभु, जसको सेवा म गर्दछु, उहाँको नाउँमा शपथ खाएर म भन्दछु, म केही पनि ग्रहण गर्नेछैनँ ।’ त्यो लिनलाई नामानले तिनलाई कर लगाए, तापनि तिनले इन्कार गरे । नामानले भने, ‘यदि तपाईं लिनुहुन्न भने, आफ्नो दासलाई दुई खच्चरको भारी माटो लान दिनुहोस् । किनकि अब फेरि कहिल्यै हजूरको दासले परमप्रभुलाई बाहेक अरू कुनै देवतालाई होमबलि र बलिदानहरू चढाउनेछैनँ” (२ राजा ५:१५-१७) ।

नामानको विश्वास र त्यो विश्वासलाई प्रमाणित गर्ने काम

नामान जसले चङ्गाइकर्ता परमेश्वरलाई भेट्नुभई निको नहुने रोगबाट चङ्गाइ प्राप्त गर्नुभएको थियो, अब हामी उहाँको विश्वास र त्यो विश्वासलाई प्रामाणित गर्ने उहाँका कामहरूलाई हेरौं ।

१. नामानको असल विवेक

केही मानिसहरू अरूले भनेका कुराहरू तुरुन्तै ग्रहण गरी विश्वास गरिहाल्दछन् भने केहीले चाहिँ एकदमै शंका र संदेह गर्ने गर्दछन् । नामानमा असल विवेक भएकोले गर्दा, उहाँले अरूको कुरालाई बेवास्ता नगरी त्यसलाई ग्रहण गर्नुभयो । उहाँले उहाँकी श्रीमतीको सेवा गर्ने जवान ठिटीले भनेको कुरालाई ध्यानपूर्वक सुन्नुभई तिनको कुरामा विश्वास गरी इस्राएलमा जानुभयो र एलीशाले दिनुभएको आज्ञा पालना गर्नुभई चङ्गाइ प्राप्त गर्नुभयो ।

इस्राएलबाट बन्दी बनाएर ल्याएकी त्यस जवान ठिटीले नामानको श्रीमतीलाई, "यदि मेरा मालिकले सामरियामा बस्नुहुने अगमवक्तालाई भेट गरे भने, उहाँले तिनको रोग निको पारिदिनुहुनेथियो !" भनी भन्दा उहाँले तिनको कुरामा विश्वास गर्नुभयो । यदि तपाईं नामानको ठाउँमा हुनुभएको भए तपाईं के गर्नुहुन्थ्यो ? के तपाईं तिनको कुरालाई पूर्णरूपमा ग्रहण गर्न सक्नुहुन्थ्यो ?

आधुनिक चिकित्सा विज्ञानले धेरै उपलब्धी हासिल गरेतापनि, त्यहाँ यस्ता थुप्रै रोग बिमारहरू छन् जसलाई औषधि उपचारद्वारा निको पार्न सकिँदैन । यदि तपाईं अरूलाई परमेश्वरले तपाईंलाई निको नहुने रोगबाट निको पार्नुभएको वा प्रार्थना ग्रहण गरेपछि तपाईंले चङ्गाइ प्राप्त गर्नुभएको गवाही दिनुहुन्छ भने, कतिले नै तपाईंलाई विश्वास गर्लान् र ? नामानले त्यस जवान ठिटीले भनेको कुरामा विश्वास गर्नुभयो, उहाँ अनुमति लिनको लागि राजाको सामु जानुभयो, इस्राएल जानुभयो र कुष्ठरोगबाट चङ्गाइ प्राप्त गर्नुभयो । अर्को शब्दमा भन्नुपर्दा, नामानमा असल विवेक भएकोले गर्दा, जवान ठिटीको कुरालाई उहाँले स्वीकार्नुभयो र त्यस अनुसार कार्य गर्नुभयो । यसद्वारा हामीले यो कुरा बुझ्नुपर्दछ कि, हामीले सुसमाचार सुनेपछि, नामान जस्तै सुसमाचारमा विश्वास गरी परमेश्वरको सामु आएको खण्डमा मात्र हामीले हाम्रा समस्याहरूबाट समाधान पाउन सक्छौं ।

२. नामानले आफ्ना सोचहरू त्यागनुभयो

जब आफ्नो राजाको सहायताद्वारा नामान इस्राएलमा एलीशा अगमवक्ताको घरमा पुग्नुभयो, तब उहाँको कुष्ठरोग निको पारिदिन सक्ने अगमवक्ताले उहाँको स्वागत सत्कार गर्नुभएन । उहाँ एलीशासँग रिसाउनुभयो किनकि अविश्वासी नामानको दृष्टिमा कुनै प्रतिष्ठा वा सामाजिक हैसियत नभएको

व्यक्तिले अरामको राजाद्वारा व्यक्तिगत रूपमा पठाइएको अरामी राजाको विश्वासयोग्य सेवकलाई स्वागत नगरीकन केवल आफ्नो चाकरद्वारा यर्दन नदीमा गएर सात पल्ट डुबुल्की मार्नू भनी सन्देश पठाएका थिए। थपअफ, एलीशाले नामानको शरीरमा हात राखी प्रार्थना गरिदिनुको साटो, यर्दनको धमिलो पानीमा डुबुल्की मारेको खण्डमा नामान शुद्ध हुनेछन् भनी भन्नुभएको थियो।

अगमवक्ता एलीशाले गर्नुभएको कुरा बुझ्न नसक्दा नामान उहाँसित रिसाउनुभयो। यर्दनभन्दा ठूला र स्वच्छ नदीहरू त अराममा नै छन्, बरु ती नदीहरू मध्ये कुनै एकमा नुहाएर शुद्ध हुन्छु भन्ने सोचेर उहाँ आफ्नो देशमा फर्कन लाग्दै हुनुहुन्थ्यो। त्यही क्षण नामानका नोकरहरूले आफ्ना मालिकलाई एलीशाका निर्देशनहरू पालना गरी यर्दन नदीमा डुबुल्की मार्न आग्रह गरे।

नामानमा असल विवेक भएकोले गर्दा, उहाँले आफ्नै सोचाइ अनुसार काम गर्नुभएन, तर एलीशाको निर्देशन पालना गर्ने निर्णय गर्नुभई यर्दन नदीतिर अघि बढ्नुभयो। नामान जस्तै सामाजिक हैसियत भएकाहरू मध्ये कतिले नै आफ्ना नोकरहरू वा आफूभन्दा तल्लो दर्जामा रहेकाहरूका आग्रह सुनी पश्चात्ताप गरी त्यसलाई ग्रहण गर्न सक्छन् र?

यशैया ५५:८-९ मा "'किनकि मेरा विचारहरू तिमीहरूका विचार होइनन्, र तिमीहरूका चाल मेरा चाल होइनन्' परमप्रभु भन्नुहुन्छ। 'जसरी आकाश पृथ्वीभन्दा अल्गो छ, त्यसरी नै मेरा चाल तिमीहरूका चालभन्दा र मेरा विचार तिमीहरूका विचारभन्दा अल्गा छन्।'" भनी लेखिएझैं, यदि हामी मानवीय सोच र सिद्धान्तहरूलाई पक्रिरहन्छौं भने, हामी परमेश्वरको वचन पालना गर्न सक्दैनौं। परमेश्वरको आज्ञा अवहेलना गर्ने राजा शाऊलको अन्त्यलाई हामी स्मरण गरौं। मानवीय सोचाइ प्रयोग गरी परमेश्वरको इच्छा उल्लङ्घन गर्नु अनाज्ञाकारिता हो र यदि हामीले आफ्नो अनाज्ञाकारिता महसुस गर्दैनौं भने, राजा शाऊललाई

त्याग्नुभएजस्तै परमेश्वरले हामीलाई पनि इन्कार गर्नुहुनेछ र त्याग्नुहुनेछ भन्ने कुरालाई हामीले याद राख्नुपर्दछ।

१ शमूएल १५:२२-२३ मा हामी यस्तो लेखिएको पाउँदछौं, "तर शमूएलले भने, 'होमबलि र बलिदानभन्दा बेसी परमप्रभुले आज्ञापालन नै रुचाउनुहुन्न र ? आज्ञापालन बलिदानभन्दा उत्तम हो, र उहाँको वचन मान्नु भेडाको बोसो भन्दा असल हो । उहाँको आज्ञा उल्लङ्घन गर्नु तन्त्रमन्त्रको पापजस्तै हो, र हठी हुनु मूर्तिपूजा गर्नुजस्तै खराब हो । तपाईंले परमप्रभुको वचनलाई त्याग्नुभयो, यसैले परमप्रभुले पनि तपाईंलाई राजाको पददेखि त्याग्नुभएको छ ।" नामानले फेरि पनि विचार गर्नुभयो र आफ्ना सोचाइहरू त्यागेर परमेश्वरको जन एलीशाको निर्देशन पालना गर्ने निर्णय गर्नुभयो ।

त्यसरी नै, परमेश्वरको इच्छा अनुसार अनाज्ञाकारिताको हृदयलाई फालेर आज्ञाकारिताको हृदय धारण गरेको खण्डमा मात्र हामीले हृदयका चाहनाहरू हासिल गर्न सक्छौं भन्ने कुरालाई हामीले याद राख्नु पर्दछ।

३. नामानले अगमवक्ताले भन्नुभएको कुरा पालना गर्नुभयो

अगमवक्ता एलीशाको निर्देशन पछ्याउनुभई, नामान यर्दन नदीमा जानुभयो र डुबुल्की मार्नुभयो । त्यहाँ यर्दन नदीभन्दा पनि ठूला र सफा नदीहरू थिए, तर एलीशाले यर्दन नदीमा जानु भनी दिनु भएको निर्देशनमा आत्मिक अर्थ रहेको थियो । यहाँ यर्दन नदीले मुक्तिलाई र पानीलेचाहिँ मानिसहरूका पापहरू पखाली मुक्ति प्राप्त गर्न सहयोग पुऱ्याउने परमेश्वरको वचनलाई जनाउँदछ (यूहन्ना ४:१४)। त्यसकारण अगमवक्ता एलीशा नामानले मुक्तिमा पुऱ्याउने यर्दन नदीमा नुहाएको चाहनुहुन्थ्यो । अन्य नदीहरू जति सुकै ठूला र स्वच्छ भएतापनि, ती नदीहरूले मानिसहरूलाई मुक्तिमा डोऱ्याउन सक्दैन र ती नदीहरूको परमेश्वरसित कुनै सरोकार नभएकोले गर्दा त्यहाँको

पानीले परमेश्वरका कार्यहरू प्रकट गर्न सक्दैन ।

यूहन्ना ३:५ मा येशूले हामीलाई, "साँच्चै म तिमीलाई भन्दछु, कोही पानी र आत्माद्वारा जन्मेन भने परमेश्वरको राज्यमा पस्न सक्दैन" भनी भन्नुभएभन्नैं, यर्दन नदीमा नुहाएपछि नामानको निम्ति पापक्षमा र मुक्तिको मार्ग खुल्यो र उहाँले जीवित परमेश्वरलाई भेट्न सक्नुभयो ।

त्यसोभए किन नामानलाई सात पटक डुबुल्की मार्न भनियो त ? अंक "७" एक पूर्ण अंक हो, जसले सिद्धतालाई जनाउँदछ । सात पटक डुबुल्की मार्ने निर्देशन दिनुभई एलीशा सेनापति नामानलाई पापहरूदेखि क्षमा पाउन र पूर्ण रूपमा परमेश्वरको वचनमा जिउन भन्दै हुनुहुन्थ्यो । त्यसो भएको खण्डमा मात्र परमेश्वरबाटको चङ्गाइका कार्यहरू प्रकट भई निको नहुने रोग समेत निको हुन सक्थ्यो ।

तसर्थ, अगमवक्ताको वचन पालना गर्नुभएकोले गर्दा नै, नामान औषधि उपचार वा मानव सामर्थ्यद्वारा निको पार्न नसकिने कुष्ठरोगबाट निको हुनुभयो । यस बारे धर्मशास्त्र पदमा यस्तो लेखिएको छ, "किनकि परमेश्वरको वचन जीवित र क्रियाशील हुन्छ, र कुनै पनि दुईधारे तरवारभन्दा बढी धारिलो हुन्छ । यसले प्राण र आत्मालाई त्यसका जोर्नी-जोर्नी र हाडको गुदीसम्मलाई भाग-भाग पारुञ्जेल वारपार छेड्ने र हृदयका विचार र इच्छा जाँच्न सक्ने हुन्छ । परमेश्वरको दृष्टिमा सृष्टिको कुनै कुरा लुकेको हुँदैन । उहाँका नजरको सामुन्ने सबै कुरा स्पष्ट र खुला छन्, उहाँलाई नै हामीले लेखा दिनुपर्छ" (हिब्रू ४:१२-१३) ।

नामान सर्वशक्तिमान् परमेश्वरको सामु जानुभयो, आफ्ना सोचाइहरू त्याग्नुभयो, पश्चात्ताप गर्नुभयो र उहाँको इच्छा पालना गर्नुभयो । उहाँ यर्दन नदीमा जानुभई सात पटक डुबुल्की मार्नुहुँदा, परमेश्वरले उहाँको विश्वासलाई मान्यता दिनुभयो, उहाँको कुष्ठरोग निको पार्नुभयो र उहाँको मासु ज्यूका त्यूँ जवान केटाको जस्तै भयो ।

क ु ष्ठरोगको चङ्गाइ उहाँको शक्तिद्वारा मात्रै सम्भव ह ु ने स्पष्ट पमाण दे खाउन ु भएर, काम सहितको हाम्रो विश्वासद्वारा परमेश्वरलाई ख ु शी त ु ल्याउँदा जस्तो स ु कै निको नह ु ने रोगहरू पनि निको ह ु न सक्छन् भनी परमेश्वरले हामीलाई बताउँदै ह ु न ु ह ु न्छ ।

नामानले परमेश्वरलाई महिमा दिन ु भयो

क ु ष्ठरोग निको भएपछि, नामान एलीशाकहाँ फर्केर जान ु भयो र "अब मलाई थाहा भयो, कि इस्राएलमा बाहेक सारा संसारमा क ु नै परमेश्वर ह ु न ु ह ु न्न.............. अब फेरि कहिल्यै हज ू रको दासले परमपभ ु लाई बाहे क अरू क ु नै देवतालाई होमबलि र बलिदानहरू चढाउनेछैन" भन्ने स्वीकारोक्ति दिन ु भई परमेश्वरलाई महिमा दिन ु भयो ।

ल ू का १७:११-१९ मा दश जना क ु ष्ठरोगीहरूले येश ू लाई भेटी निको भएको एउटा घटना उल्लेख गरिएको छ । यद्यपि, ती मध्ये एक जनामात्र उच्च सोरले पर मेश्वरको महिमा गर्दै येश ू कहाँ फर्केर आयो र येश ू लाई धन्यवाद दिएर उहाँको पाउमा घोप्टो पऱ्यो । पद १७-१८ मा निको भएको त्यस व्यक्तिसित येश ू ले यसो भनी पश्न गर्न ु भयो, "के निको भएका दश जना होइनन् र ? अरू नौ जना कहाँ छन् ? के यो विदेशीबाहेक फर्किआएर परमेश्वरको पशंसा गर्ने अरू कोही भएन ?" त्यसपछिको १९ पदमा उहाँले त्यस व्यक्तिलाई यसो भन्न ु भयो, "उठ, र आफ्नो बाटो लाग । तिम्रो विश्वासले तिमीलाई निको पारेको छ ।" परमेश्वर को शक्तिद्वारा यदि हामीले चङ्गाइ पाएका छौं भने, हामीले परमेश्वरको पशंसा गर्न ु पर्दछ, येश ू ख्रीष्टलाई गहण गरी म ु क्तिको मार्गमा अघि बढन ु पर्दछ र साथै परमेश्वरको वचन अन ु सार जिउन ु पनि पर्दछ ।

क ु ष्ठरोग जस्तो त्यसबेलाको निको नह ु ने रोगबाट चङ्गाइ पाउन योग्य

विश्वास नामानमा थियो र उहाँले सो अन ुसारको कार्य पनि गर्न ुभयो । कैद गरिएर ल्याईएकी जवान ठिटीको क ुरा पत्यार गर्ने असल विवेक उहाँमा थियो । विश्वासका साथ उहाँले अगमवक्ताको निम्ति उपहारहरू तयार गर्न ुभयो । अगमवक्ता एलीशाको निर्देशन उहाँका सोचाइहरूसित मेल नखाएतापनि उहाँले आज्ञाकारिताको कार्य पकट गर्न ुभयो ।

नामान, एक अन्यजातिको मानिस ह ुन ुह ुन्थ्यो र उहाँ निको नह ुने रोगबाट ग्रस्त ह ुन ुह ुन्थ्यो, तर त्यस रोग मार्फत् उहाँले जीवित परमेश्वरलाई भेट्न ुभयो र चङ्गाइको कार्य अन ुभव गर्न ुभयो । सर्वशक्तिमान् परमेश्वरकहाँ आएर, आफ्नो विश्वास र सो अन ुसारका कार्यहरू देखाउने जो कोहीले पनि आफ्ना समस्याहरूबाट छ ुट्कारा पाउन सक्छन् ।

तपाईंहरूले अम ूल्य विश्वास धारण गर्न ुभएको होस्, विश्वास अन ुसारका कार्यहरू पकट गर्न ुभएको होस्, जीवनका हरेक समस्याहरूका उत्तरहरू पाप्त गर्न ुभएको होस् र परमेश्वरलाई महिमा दिँदै उहाँका एक आशिषित् जन बन्न ुभएको होस्, भनी हाम्रा पभ ुको नाउँमा म पार्थना गर्दछ ु ।

लेखक:
डा. जेरक ली

डा. जेरक ली सन् १९४३ मा गणतन्त्र कोरियाको, जियोन्नाम प्रान्तको मुआनमा जन्मिनु भएको थियो । उहाँको जीवनको बीसौं वर्षहरूमा, डा. लीले सात वर्षसम्म विभिन्न प्रकारका रोगहरूबाट पीडित भई निको हुने कुनै आशा विना मृत्युलाई पर्खिरहनु भएको थियो। तापनि एक दिन सन् १९७४ को वसन्ततिर उहाँ आफ्नी दिदीद्वारा चर्चमा डोऱ्याइनु भयो र प्रार्थना गर्नको लागि उहाँले घुँडा टेक्नु हुँदा जीवित परमेश्वरले उहाँलाई त्यतिखेर नै उहाँका सबै रोगहरूबाट चङ्गाइ दिनु भयो ।

त्यस आश्चर्यजनक अनुभवद्वारा जीवित परमेश्वरलाई भेट्नु भएको समयदेखि नै डा. लीले आफ्नो सम्पूर्ण हृदय र इमान्दारिताका साथ परमेश्वरलाई प्रेम गर्नु भयो र १९७८ मा उहाँले परमेश्वरको सेवक हुने बोलावट पाउनु भयो । उहाँले परमेश्वरको इच्छालाई स्पष्टसँग बुझ्न, र परमेश्वरको वचनलाई पूर्ण रूपमा आज्ञापालन गर्नको निम्ति कयौं उपवासका प्रार्थनाहरूको साथमा हार्दिकतापूर्वक प्रार्थना गर्नु भयो । उहाँले सन् १९८२ मा कोरियाको सियोल शहरमा मानमिन केन्द्रीय चर्च स्थापना गर्नु भयो, र त्यस बेलादेखि उहाँको चर्चमा आश्चर्यजनक चङ्गाईहरू, चिन्ह र आश्चर्यकर्महरू लगायत परमेश्वरका असंख्य कार्यहरू भइरहेका छन् ।

सन् १९८६ मा डा. ली कोरियाको जिजस सुङकिल चर्चको वार्षिक सभामा पास्टरको रूपमा अभिषेक गरिनुभएको थियो र त्यसको चार वर्षपछि सन् १९९० मा, उहाँका वचनहरू अष्ट्रेलिया, रुस र फिलिपिन्समा प्रसारण हुन थाले । छोटो समयको अवधिमा नै फार ईष्ट प्रसारण कम्पनी, एशिया प्रसारण केन्द्र र वासिङ्गटन ख्रीष्टियन रेडियो सिस्टमद्वारा अझ बढी देशहरूमा यो फैलदैं गयो ।

यसको तीन वर्षपछि, सन् १९९३ मा क्रिश्चियन वर्ल्ड म्यागेजिनले मानमिन केन्द्रीय चर्चलाई "विश्वका उत्कृष्ट ५० चर्चहरू" मा चयन गरेको थियो र उहाँले संयुक्त राज्य अमेरिकाको फ्लोरिडा राज्यको ख्रीष्टियन फेथ कलेजबाट ईश्वरशास्त्रमा सम्मानार्थ विद्यावारिधी उपाधि प्राप्त गर्नु भयो, र सन् १९९६ मा उहाँले संयुक्त राज्य अमेरिकाको आइवा राज्यको किङ्गस् वे थियोलोजिकल सेमिनारीबाट सेवकाइमा विद्यावारिधीको उपाधि हासिल गर्नु भयो ।

सन् १९९३ देखि डा. लीले तान्जेनिया, अर्जेन्टिना, संयुक्त राज्य अमेरिकाको लस एन्जलस्, बाल्टीमोर सिटी, हवाई र न्यू योर्क शहर, युगाण्डा, जापान, पाकिस्तान, केन्या, फिलिपिन्स, होण्डुरस्, भारत, रुस, जर्मनी, पेरु, प्रजातान्त्रिक गणतन्त्र कङ्गो, इस्राएल र एस्तोनिया जस्ता विभिन्न देशहरूमा थुप्रै समुद्र पारका क्रुसेडहरूद्वारा विश्वभर सुसमाचार प्रचार गरिरहनु भएको छ।

सन् २००२ मा उहाँको शक्तिशाली सेवकाइ र समुद्रपारका विभिन्न क्रुसेडहरूका कारण उहाँलाई

कोरियाका प्रमुख ख्रीष्टियन पत्रपत्रिकाहरूले "विश्वव्यापी जागरणकर्ता" को नाम दिएका थिए । विश्व प्रसिद्ध स्थल मेडिसन स्क्वायर गार्डेनमा आयोजित उहाँको 'न्यूयोर्क क्रूसेड २००६' विशेष थियो । त्यो कार्यक्रम २२० वटा राष्ट्रहरूमा प्रसारण गरिएको थियो, र उहाँले यरूशलेमको अन्तराष्ट्रिय सम्मेलन केन्द्रमा आयोजित 'इस्राएल संयुक्त क्रूसेड २००९' मा येशू ख्रीष्ट नै मसीह र मुक्तिदाता हुनुहुन्छ भनी साहसका साथ घोषणा गर्नुभयो ।

उहाँका वचनहरू जी.सी.एन टिभी लगायत भू-उपग्रहहरू मार्फत् १७६ वटा राष्ट्रहरूमा प्रसारण हुन्छन् र उहाँको टिभीबाटको शक्तिशाली प्रसारण सेवकाइ र समुद्रपारका चर्चहरूको पास्टरीय सेवकाइका लागि प्रसिद्ध रुसी इसाई पत्रिका इन भिक्टोरी र समाचार संस्था क्रिश्चियन टेलिग्राफद्वारा सन् २००९ र २०१० को 'उत्कृष्ट १० सर्वाधिक प्रभावकारी क्रिश्चियन अगुवाहरू' मध्ये एकको रूपमा उहाँ छानिनुभयो ।

सन् २०१३ को मे महिना सम्ममा, मानमिन केन्द्रीय चर्चमा विश्वासीहरूको संख्या १२०,००० भन्दा बढी छ। ५६ वटा घरेलु शाखा चर्चहरू लगायत विश्वभरिमा यस चर्चका १०,००० वटा शाखा चर्चहरू छन् र संयुक्त राज्य अमेरिका, रुस, जर्मनी, क्यानडा, जापान, चीन, फ्रान्स, भारत, केन्या, र अरू थुप्रै देशहरू गरी २३ वटा देशहरूमा १२९ जना मिशनरीहरू पठाइएका छन् ।

यस पुस्तकको प्रकाशनको मितिसम्ममा डा.लीले ८५ वटा पुस्तकहरू लेखिसक्नुभएको छ, जसमा, मृत्युअघि अनन्त जीवनको स्वाद, मेरो जीवन मेरो विश्वास भाग १ र २, क्रूसको सन्देश, विश्वासको नाप, स्वर्ग भाग १ र २, नरक, जाग इस्राएल !, र परमेश्वरको शक्ति सर्वाधिक बिक्री हुने पुस्तकहरूमा पर्दछन् । उहाँका पुस्तकहरू ७५ वटा भन्दा बढी भाषाहरूमा अनुवाद गरिएका छन् ।

हानकूक ईल्बो, जूङ्गआङ्ग दैनिक, चोसून ईल्बो, डोङ्ग-ए ईल्बो, मूनह्वा ईल्बो, सियोल सिन्मून, खूङ्याङ्ग सिन्मून, कोरीया आर्थिक दैनिक, कोरीया हेरल्ड, शिसा न्यूज र क्रिश्चियन प्रेस गरी विभिन्न पत्रपत्रिकाहरूमा उहाँका क्रिश्चियन लेखहरू छापिन्छन् ।

डा. ली हाल थुप्रै मिशिनेरी संस्था तथा संगठनहरूको अगुवा हुनुहुन्छ । उहाँका पदहरू यस प्रकार छन्;; यूनाइटेड होलिनेस चर्च अफ जीजस क्राइस्ट-अध्यक्ष ; मानमिन वर्ल्ड मिशन-अध्यक्ष ; विश्व इसाई जागृती मिशन संगठन-स्थायी अध्यक्ष ; ग्लोबल क्रिश्चियन नेटवर्क (जी.सी.एन) -संस्थापक तथा संचालक समितिका अध्यक्ष ; विश्व इसाई चिकित्सकिय संजाल (डब्लू.सी.डी.एन्.) -संस्थापक तथा संचालक समितिका अध्यक्ष ; र मानमिन अन्तर्राष्ट्रिय सेमिनारी (एम.आई.एस) -संस्थापक तथा संचालक समितिका अध्यक्ष ।

www.ingramcontent.com/pod-product-compliance
Lightning Source LLC
LaVergne TN
LVHW092052060526
838201LV00047B/1357
9791126310258